L'anarchi
pour ainsi

ANARCHIES

Collection dirigée par Mehdi Belhaj Kacem and Jean-Luc Nancy

David Graeber

L'anarchie –
pour ainsi dire

Conversations avec Mehdi Belhaj Kacem,
Nika Dubrovsky et Assia Turquier-Zauberman

DIAPHANES

Graeber est un verbe !
Sur la démocratisation des ancêtres

David est mort à Venise le 2 septembre 2020. Les versions anglaise et allemande de ce texte étaient déjà en cours d'impression. Le manuscrit français, qu'Assia corrigeait encore, nous a permis – *à* nous, une poignée de ses étudiants – de faire part de son décès. Voici donc quelques mots d'introduction en guise de conclusion. Adieu à l'ami, et bienvenue au plus enfantin des ancêtres.

Le lecteur pourrait supposer qu'il existe un certain antagonisme entre le statut d'ancêtre et celui d'interlocuteur. Au cours d'un dialogue, nous sommes constamment au diapason des relations interpersonnelles que chaque phrase incarne. Un sentiment de danger et d'intimité va et vient entre nous alors que nous échangeons et entremêlons nos mots. Les ancêtres, eux, peuvent paraître éloignés des relations personnelles qui existent au monde. Ils nous parlent comme des dictateurs, chacun de leurs mots confirmant notre anonymat et notre infériorité.

Mais le statut d'ancêtre n'est pas une donnée fixe, c'est quelque chose que l'on fabrique. Dans ses premiers travaux à Betafo, David a détaillé la manière dont on crée un ancêtre : la tombe est ouverte, le corps sorti est jeté sur les genoux des descendants, on le recouvre ensuite de toutes sortes de choses merveilleuses, du rhum, du miel, des tissus, puis on danse avec lui avant de le recoucher sous terre. Il est dès lors investi d'une autorité terrible, imposant des sanctions sur la tête de ses descendants et maudissant ceux qui les transgressent.

Heureusement, certains ancêtres sont plus ouverts à la négociation. Par exemple ceux de Vitebsky dans sa célèbre description du chamanisme Sora :

> Presque tous les jours, dans chaque village, des personnes vivantes conversaient avec les morts. Ils parlaient les uns après les autres par la bouche d'un chaman (kuran) en transe. Ensemble, les vivants et les morts bavardaient, pleuraient ou se disputaient des heures durant.[*]

Bien que toujours hiérarchique, la relation aux ancêtres est intimement liée au moment présent – et ancrée dans la mondanité des vivants.

David semblait penser que la maltraitance moderne des ancêtres a un rapport avec notre incapacité à voir les relations qui se dissimulent derrière le champ des objets :

> Nous n'aimons pas trop voir le moment où les organismes vivants naissent ou se dissolvent – pas plus que nous n'aimons y penser. Il en va de même avec les matières premières. Le sol de l'usine et l'incinérateur sont gardés hors de vue tout autant que la salle d'hôpital et le crématorium. Cela permet d'imaginer plus facilement les produits manufacturés – qui deviennent alors le paradigme de tous les biens matériels ou des êtres humains – comme des entités discrètes, indépendantes et identiques à elles-mêmes, qui en quelque sorte sautent dans l'existence et disparaissent à nouveau – plutôt que comme des

---

[*] Piers Vitebsky, *Living without the Dead: Loss and Redemption in a Jungle Cosmos*, University of Chicago Press, 2017, p. 1.

processus continus, fondamentalement enchevêtrés dans le monde qui les entoure. En tant que noms plutôt qu'en tant que verbes.[*]

La disparition précoce de David rend ces mystifications d'autant plus insultantes. Il est mort en milieu de conversation. Son absence soudaine rend vulnérables tous les projets, idées et manigances que nous avions partagés. Tant au niveau personnel que global, le sentiment que nous avons besoin de lui s'impose de manière durable. Pour accepter son départ, nous avons voulu investir toutes les formes possibles de fabrication des ancêtres, au-delà de l'imagination myope de l'historicité capitaliste. C'est à dire, à l'inverse de ce que Marx appelait regarder les objets post-festum (ou après le festin) – la façon dont les relations sociales sont obscurcies et objectifiées – David a vécu une vie ostensiblement pré-festin. Il était à la fois socialement fasciné par les relations derrière les choses, et gastronomiquement toujours en train d'organiser le prochain repas et de s'en réjouir.

Le dialogue avec David n'était pas de tout repos (il n'y a aucune raison de penser que sa mort changera cela). Il était imprévisible et spontané : lorsque vous vouliez une conversation, vous obteniez un cours ; quand vous vouliez un cours, vous obteniez une conversation ; s'il vous fallait une citation, vous obteniez une blague. C'est peut-être pourquoi ce livre est unique – parce que c'est un dialogue. Alors que l'écriture de David est claire, lisible et généreuse envers le lecteur, il y a toujours quelque

---

[*] Catherine Alexander, Joshua Reno (éd.), *Economies of Recycling: The Global Transformations of Materials, Values and Social Relations*, Zed Books, 2013, p. 278.

chose d'inachevé dans le dialogue, des zones d'opacité, de mutualités réciproques que même les meilleurs textes violentent quelque peu. En ne dissolvant pas ces subtilités dans le texte écrit, ce livre nous laisse entendre la voix de David, incertaine, traquant les mots et les idées.

David nous a parlé de sa volonté d'assister à une conférence sur le matérialisme historique pour distribuer des badges avec le visage de Marx disant : « Avez-vous compris les blagues dans Le Capital ? » Bien évidemment, ce plan avait pour but de ridiculiser les marxistes monastiques et de critiquer le groupe omniprésent d'universitaires qui lisent le moment présent à la lumière du texte plutôt que le texte à la lumière du moment présent. Implicitement, cela reflétait une inquiétude à peine voilée : la crainte que les gens ne comprennent pas les blagues contenues dans son travail.

Étant donné la nature carnavalesque du communisme quotidien de David, sa mort à Venise fait écho de manière assez poétique à sa vie dans le quartier de Portobello Market à Londres. Dîner chez David était toujours une insurrection contre la monotonie de la vie quotidienne dans une ville envahie par le capitalisme sépulcral. La soirée était accompagnée d'un défilé de curiosités, mascarade de babioles historiques allant d'une armure afghane à un service à thé en argent victorien en passant par des vestes d'espionnage KDP, toutes exposées avec amour et fierté. La préparation du repas était accompagnée de musique et de danse et le dîner voyait défiler une série de récits et d'histoires. Le moment de débarrasser était interrompu par différentes formes de déguisements. Le tout était presque un concours de plaisanteries. Au fond, « exercer pleinement ses capacités, c'est prendre plaisir à sa propre existence. Entourés de créatures sociables, ces plaisirs sont amplifiés en proportion (Graeber, 2013b) ».

Si cette vie carnavalesque était à sa place dans sa maison, elle était moins bienvenue dans un contexte professionnel – bien que cela ne l'ait jamais découragé.

Selon David, le jeu devrait être considéré comme tout sauf trivial – il devait même être tenu pour l'un des principes fondamentaux de l'univers (c'est du moins ce qu'il disait en plaisantant). Comme l'écrit Bob Black dans L'abolition du travail, l'une des pièces anarchistes préférées de David :

> Vous êtes peut-être en train de vous demander si je plaisante ou si je suis sérieux. Je plaisante et je suis sérieux. Être ludique ne veut pas dire être ridicule. Le jeu n'est pas forcément frivole, même si frivolité n'est pas trivialité : le plus souvent, on devrait prendre la frivolité au sérieux. J'aimerais que la vie soit un jeu – mais un jeu dont l'enjeu soit vertigineux. Je veux jouer pour de vrai.[*]

David reconnaissait que les instances qui suscitent le rire, bien qu'absurdes, peuvent contenir une vérité profonde. En racontant une blague, le comique se rend volontairement aveugle à certaines parties de la réalité et, de ce fait, révèle d'autres aspects habituellement laissés dans l'ombre. Les structures d'inégalité conduisent souvent ceux « d'en haut » à ne pas connaître la réalité des gens « d'en bas », c'est pourquoi les scènes de pouvoir contiennent souvent les contradictions les plus criantes. Le rire force le pouvoir à contempler sa propre stupidité. David était fasciné par la relation entre les maîtres de cérémonie autochtones du Nord de la Californie d'une part, les marionnettes géantes utilisées au Sommet des

---

[*] Bob Black, *The Abolition of Work*, Loompanics Unlimited, 1986, p. 18.

Amériques au Québec de l'autre. Les deux mettent en évidence la politique de la parodie en offrant des itérations de pouvoir volontairement ubuesques. Pour lui, ce sont des métaphores du ridicule de la vie avec les souverains.

À la question de savoir s'il fallait grandir, David répondait que l'on se devait d'être attentif à ce que cette injonction particulière demandait. Souvent, affirmait-il, grandir est un euphémisme pour l'obéissance, ou pour une certaine présentation responsable de soi. Si les riches et les puissants ordonnaient le monde suivant leurs désirs, le repos, le jeu et la jouissance ne seraient justifiés pour les travailleurs que dans le but de restaurer leur force de travail, jamais pour eux-mêmes. Les classes dirigeantes monopolisent le luxe du jeu pour leur seul intérêt.

Contre ce monopole, David insistait sur le besoin d'une démocratisation du plaisir, l'enfantillage étant une fière résistance à la société capitaliste. La temporalité et la localité de l'espièglerie de David contenaient une autre politique. Walter Benjamin était très attentif à l'idée que les révolutions partagent une certaine temporalité. Les barricades de la révolution française partagent le même espace-temps que les soulèvements des Plébéiens romains, des Akan dans la guerre de Tacky et, de la révolution du Rojava, particulièrement chère à David. Pour lui, ce temps partagé, chargé de possibilités, n'est pas réservé aux seuls moments où s'écrivent les grandes lignes de l'histoire ; il s'inscrit aussi dans la multitude des possibilités du quotidien. À travers le jeu, David a sculpté des espaces de liberté puissants et contagieux au sein de temps peu libres. Pour lui, le plaisir était une stratégie politique.

*

« On reste un peu déconcerté quand tous les gens que vous vouliez impressionner sont déjà morts », a tweeté David un jour. À la question que lui avait posée @ChubbyRoots : « Y a-t-il de bonnes raisons de vouloir impressionner quelqu'un ? », il avait répondu : « Oui. Nous organisons tous nos vies autour de certaines valeurs, lesquelles ne peuvent être réalisées qu'à travers les yeux d'autrui. »[*]

Perdre David, bien plus tôt que prévu, a été désarmant. Faire de David un ancêtre nous permet d'agir sur nos valeurs de concert avec lui. Cependant, cela met également en lumière la politique de rétribution des ancêtres (ancestor reckoning) et la négociation de la nature des relations que l'on espère avoir avec eux. En tant que négociation interpersonnelle de l'histoire, la question de la rétribution des ancêtres n'a en effet pas reçu l'attention qu'elle mérite comme pratique éthique radicale.

Dans les cercles académiques, les ancêtres s'écroulent (ou mieux encore, se font abattre). On essaye de sauver certaines disciplines intellectuelles du poids de la complicité de leurs ancêtres dans les systèmes d'oppression. Mais ces efforts ne porteront leurs fruits que s'ils sont accompagnés d'un effort corollaire, celui de déconstruire les mécanismes universitaires qui transforment des penseurs curieux en administrateurs précaires et traumatisés, ou pire.

David était très enthousiaste à l'idée de travailler avec Mehdi qui, de façon explicite, se situe hors – et en dépit – des institutions et des ressources académiques. Comme le fait valoir David dans ce livre, la précarité croissante

---

[*] David Graeber, « What's the Point If We Can't Have Fun? », in *The Baffler*, vol. 24, 2013.

des universitaires depuis les années 1960 a conduit à un affaiblissement de la volonté des anthropologues à agir contre le colonialisme – à l'inverse de ce que nombre d'étudiants ont entendu à propos de notre discipline. Il soulignait que l'insécurité de l'emploi augmentait considérablement le nombre d'universitaires prêts à participer à des entreprises néolibérales et impérialistes.

En délaissant ces questions qui la concernent, l'académie produit une pauvreté d'ancêtres. Elle promeut son propre rôle social comme bastion éclatant de l'excellence, mais, en mêlant origines merdiques et conneries néolibérales, elle marginalise certaines des voix les plus brillantes. Ceux qui survivent se rendent vite compte qu'il est difficile d'avoir des principes quand on a le ventre vide. Quel avenir peut-il y avoir pour une telle usine de violence ? Peut-être aucun. Cependant, nous voulons insister sur le fait que les espaces de curiosité publique et la mise en commun des ressources de réflexion font partie intégrante de toute imagination utopique. La rétribution des ancêtres exige de nous la mise en place d'une stratégie qui prendrait soin des injustices subies par les ancêtres, injustices oubliées, revenues à la mémoire ou sur le point de survenir.

Plus encore, David souligne régulièrement que le travail de commémoration est une forme de soin dispensés de manière disproportionnée par les femmes. Ce travail est souvent sous-évalué. Quelle bêtise de mépriser une tâche si précieuse ! Utilisant cette ignorance à notre avantage, nous entreprenons volontiers ce travail de démocratisation des ancêtres.

Alors que nous luttons tous pour négocier des stratégies de commémoration, les digressions de David nous ouvrent la voie. Lors d'une des nombreuses conversations imprévisibles avec lui, il avait évoqué la question de son héritage intellectuel. Il craignait qu'après sa mort, les personnes influencées par son travail ne commencent à se faire appeler « graebériennes »... Pour lui qui se réjouissait du fait que les anarchistes se divisent par leurs pratiques et non par leurs noms, cette identification sectaire s'opposait aux objectifs mêmes de son travail. (Suivant cette logique, bien qu'il ne faille pas dire « Je suis graebérien », la phrase « l'incendie de cette banque était très graebérien ! » est une utilisation manifestement légitime du terme). Le moratoire concernant ce terme ne doit cependant pas nous empêcher d'exprimer notre gratitude intellectuelle à son égard – sans jamais oublier que son enseignement est indissociable de sa pédagogie.

Principe de pédagogie 1 : vivez comme si vous étiez déjà libre. Pédagogie deux : nous sommes tous des anthropologues.

Lorsque David est décédé, beaucoup d'entre nous ont ressenti une vive anxiété à l'idée de perdre la présence de sa voix. Mais alors que nous lisions le dialogue qui constitue ce livre et que nous en discutions, nous avons constaté qu'un petit David revenait s'asseoir sur notre épaule – pour nous aider à travailler idées et stratégies ; pour imaginer et plaisanter ; pour faire des révolutions et causer beaucoup d'ennuis. Il a donné son tempo au dialogue ancestral. Il a fait ressurgir les tournures de phrases classiques de David et remué en nous les frustrations et le bonheur de parler avec lui.

Alors que nous reprenons joyeusement et douloureusement notre conversation dans de nouveaux termes, nous nous engageons à ne jamais le laisser mourir. C'est-à-dire : à ne jamais le laisser devenir un nom, mais à l'utiliser toujours comme verbe.

David est déjà un ancêtre pour nous. Nous espérons que ce texte contribuera à aider quiconque le souhaite à se frayer un chemin dans cette famille en adoptant le plus enfantin des ancêtres.

Phoebe Beckett Chingono, Jacob Bessen, Paola Juan, Nafé Kramdi-Mayor, Julio Linares, Anna-Céline Sommerfeld, Christie van Tinteren, Assia Turquier-Zauberman, Lorenzo Velotti.

Traduit de l'anglais par Sélim Nassib

L'anarchie – pour ainsi dire

D'un dialogue
qui ne cache pas ses traces

MEHDI BELHAJ KACEM : La collections ANARCHIES vise à questionner la notion d'anarchie dans les sphères philosophiques, scientifiques, esthétiques... mais, pour interroger la sphère qui, peut-être, embrasse toutes celles que je viens d'épeler, et qui est la sphère politique, il m'a semblé qu'il n'y avait pas de meilleur interlocuteur au monde que toi, David Graeber.

DAVID GRAEBER : Questionner l'anarchie dans la sphère du politique... la formule me convient.

Ce que je veux éviter, c'est un entretien où je serais pris pour une sorte d'autorité de l'anarchie. Pas seulement pour les raisons les plus évidentes ; c'est aussi parce que je ne connais pas grand-chose à l'histoire des théories politiques anarchistes. Bien sûr, je suis assez familier avec Kropotkine, Bakounine, etc. J'ai même lu un peu de Proudhon. Mais en aucun cas je ne peux être tenu pour un érudit ès anarchisme ; je suis un érudit qui souscrit aux principes anarchistes et parfois agit sur eux, quoique le plus souvent de manière limitée. En réalité, j'ai pas mal évité les livres sur le sujet. Donc, si tu m'interroges sur la différence entre la vision de la démocratie directe d'Alexander Berkmann et celle de Johann Most, ou entre l'éthique de Léon Tolstoï et celle de Martin Buber, franchement, je ne pourrai pas te répondre.

MBK : Pareil pour moi, mais ceci est un livre expérimental...

DG : Oui. J'ai tendance à penser que ça ne compte pas tant que ça. On peut commencer par un constat : l'anarchisme est en somme différent de la pensée marxiste ; il n'est pas dirigé par des penseurs héroïques. Vous n'entendrez jamais quelqu'un dire : « Je suis kropotkinien et tu es malatestien, donc je te déteste » – si les anarchistes forment des factions et décident qu'ils se détestent (ce qui, bien sûr, arrive souvent) c'est généralement pour des questions pratiques ou organisationnelles, – « tu es un plateformiste et je suis un syndicaliste, ou un individualiste, ou un conseilliste ou Dieu sait quoi.» Donc en revanche, j'en connais un bout sur les pratiques anarchistes, dans la mesure où j'ai passé une bonne partie de ma vie à participer à des groupes basés sur des principes anarchistes.

Puisque nous sommes ici engagés dans un dialogue, j'ai trouvé intéressant de prendre le dialogue lui-même comme thématique. Une grande partie de la pratique anarchiste – du moins celle que je considère essentiellement comme telle – tourne autour d'un certain principe dialogique ; on prête une grande attention à prendre des décisions pragmatiques et coopératives avec des gens qui ont des visions du monde fondamentalement différentes, sans essayer de les convertir à un point de vue particulier. Il m'a toujours semblé intéressant que dans le monde antique, que ce soit en Grèce, en Chine ou en Inde, la philosophie était écrite presque exclusivement sous forme de dialogue (même si ledit « dialogue » est souvent rédigé à 95 % par la même personne). La pensée – la conscience autoréflexive par laquelle nous tendons à nous considérer comme proprement humains – était supposée être collective ou dyadique : quelque chose qu'on ne pouvait tout simplement pas faire tout seul. Et, d'ailleurs, la réflexion solitaire était généralement tenue pour le but ultime. Le but de la philosophie était souvent de se cultiver jusqu'à ce que la conscience individuelle devienne possible. Différentes écoles philosophiques, du stoïcisme au bouddhisme, avaient tendance à utiliser diverses formes de méditation, de régimes, d'exercices spirituels, dans le but d'atteindre un statut de sage, quelqu'un pouvant être un individu conscient de lui-même. Mais ce n'est qu'en commençant par le dialogue qu'on avait une petite chance d'y arriver.

Pour moi, c'est la césure principale qu'introduit Descartes. La pensée chrétienne s'était déjà éloignée du dialogue. Mais Descartes renverse entièrement la procédure en commençant par l'individu conscient de soi, et en ne demandant que dans un second temps comment cet individu peut établir une communication avec autrui. C'est la base de toute la philosophie occidentale ultérieure, mais c'est absurde : comme l'ont montré les neurosciences, la vraie pensée est presque entièrement dialogique. Les scientifiques cognitivistes ne le disent pas de manière explicite, car, pour une raison quelconque, eux aussi ont un étrange blocage mental quant à la conversation, mais ils indiquent clairement que ce qu'on appelle « la fenêtre de la conscience », cette séquence où la plupart d'entre nous sommes pleinement autoconscients, dure en moyenne environ sept secondes. Le reste du temps, nous sommes en pilotage automatique.

À moins, bien sûr, que vous ne parliez à quelqu'un d'autre. Vous pouvez aussi avoir des conversations en mode autopilote, mais si vous êtes réellement intéressé et engagé dans une discussion avec autrui, cela peut durer des heures. Les implications de ce fait sont profondes, même si nous le reconnaissons rarement : la plupart des pensées conscientes ont lieu exactement au moment où les limites du soi sont les moins claires.

ASSIA TURQUIER-ZAUBERMAN : … quand on ne sait plus qui est qui.

DG : Exactement.

Donc, s'il s'agit de saisir la question suivante dans cette conversation : quelles sont les implications politiques de ce que je viens de dire ? La théorie politique du XXe siècle tendait à poser l'individu contre la société (la « société » étant généralement un substitut de l'État-nation) et, de façon similaire, entre l'esprit individuel et une sorte de conscience collective (que ce soit littéralement, comme chez Jung ou Durkheim, ou sous la forme d'un code sémiotique semblable à un langage qui rend la pensée possible). Ce qui, finalement, est une logique totalitaire. Ce n'est peut-être pas surprenant, dans la mesure où le siècle a été hanté par diverses formes de totalitarismes : le fascisme, le marxisme, l'économie néoclassique… L'approche dialogique suggère que les actions vraiment importantes ont lieu quelque part « entre » les choses : dans la conversation ou la délibération. Cependant, de telles conversations ont notoirement tendance à effacer leurs traces. Serait-il possible, au contraire, de mener une conversation qui illustre elle-même cette chose que nous essayons d'y comprendre ?

MBK : Cette mise en abyme me plaît. Alors, depuis quand es-tu anarchiste ?

DG : Oh, je ne sais pas. Depuis que je suis adolescent, je suppose.

Quand les gens me demandent pourquoi je suis devenu anarchiste, je réponds toujours que les gens ne pensent pas que l'anarchisme soit une idée mauvaise ; ils pensent juste que c'est une idée folle. « Donc, tu soutiens que tout le monde devrait coopérer pour le bien commun sans chaînes de domination, ni prison, ni police ? C'est mignon. Continue à rêver. Ca ne marchera jamais. » Mais je ne me suis jamais résigné à penser que l'anarchisme était fou. Mon père a combattu avec les brigades internationales en Espagne, il faisait partie du corps d'ambulance basé à Benicasim, juste à l'extérieur de Barcelone, de sorte qu'il a pu observer par lui-même comment une ville organisée sur des principes anarchistes pouvait fonctionner. Et ça fonctionnait à merveille. Lui-même n'est jamais allé jusqu'à se qualifier d'anarchiste, – en grande partie parce que ce n'est qu'à la fin de sa vie qu'il a vraiment rejeté le marxisme, mais à ce moment-là, il n'était plus politiquement actif, alors se dire anarchiste aurait sonné un peu prétentieux... – mais j'ai grandi dans un foyer où l'anarchisme n'était définitivement pas considéré comme une folie. On le tenait pour une position politique légitime. Et si c'est le cas, quelles raisons y-a-t-il de ne pas en être un ?

Introduction à l'anarchie –
tout ce qu'elle n'est pas

MBK : Il y a une définition générique de l'anarchie, dans un livre de Reiner Schürmann qui compte beaucoup pour nous chez Diaphanes, Le principe d'anarchie. C'est une définition contre-intuitive dans la mesure où elle n'est pas politique, mais historique. Il s'agit de la période – celle que nous traversons depuis deux siècles – qui n'a plus de référent : comme l'Un pour les grecs, la Nature pour les romains, Dieu pour le Moyen Âge, ou la conscience-de-soi pour un moderne. C'est le principe d'une absence de principe, le moment où, quand vous tâchez d'attraper un principe sur lequel vous appuyer, il vous échappe. Nous sommes donc déjà dans l'anarchie, en un certain sens. L'anarchie en art, l'anarchie dans le sexe et l'amour, et bien sûr l'anarchie en politique. Quel sens donner, sur cette base, à l'apparition de l'anarchie au XIXe siècle ?

DG : Je n'ai jamais pensé à cela en ces termes avant, mais je suppose… si l'on pense à ce qui est survenu autour de 1917 comme de 1968, deux années de révolutions mondiales, j'ai proposé à un moment la notion d'« extinction ». Fondamentalement, cela fait référence au moment où une longue tradition explose soudainement, et traverse en très peu de temps toutes les permutations formelles possibles. Après 1917 tu as le Dadaïsme, le suprématisme, le constructivisme, le surréalisme… tout, depuis les peintures blanches sur blanc jusqu'aux urinoirs en guise de sculpture, en passant par les poèmes absurdes conçus pour fomenter des émeutes... en quelques années, on a exténué à peu près tous les moyens par lesquels le radicalisme formel pouvait être également radical politiquement. Il ne restait donc plus rien : après cela, un artiste pouvait être radical formellement et conservateur politiquement (comme Warhol) ou conservateur formellement mais radical politiquement (comme Diego Rivera), ou alors radicalement politique mais ne pas faire de l'art (comme les situationnistes), et c'était tout. Je pense qu'après 68, quelque chose de similaire est arrivé à la philosophie continentale : en l'espace de quelques années, les philosophes ont exploré presque toutes les positions formellement radicales qui pouvaient exister, qui avaient des implications politiques radicales (l'homme n'existe pas ! la vérité c'est la violence !), ce qui rend très difficile pour les penseurs radicaux de faire autre chose que de se référer à cette période, de même que nous sommes obligés de toujours faire référence aux avant-gardes de l'après-Première guerre mondiale.

Donc, ce que tu suggères, c'est que quelque chose de similaire s'est produit pour la politique elle-même après les révolutions de 1848. Dans ce cas, ce sont toutes les positions politiques modernes qui seraient apparues simultanément, du socialisme au libéralisme en passant par le fascisme, et nous n'en avons pas vu surgir vraiment d'autre depuis. Ça semble se tenir, dans la mesure où le terme « anarchisme » a été inventé dans ce contexte précis : quand quelqu'un met en demeure Proudhon de dire ce qu'il était : un républicain ? un monarchiste ? un démocrate ? Et quand il finit par dire : « Non, je rejette tout ça. Je suis anarchiste ! »

« L'anarchie », contrairement à « l'anarchisme », n'entre vraiment en usage que plus tard, au XXᵉ siècle, du moins en anglais. Quand les anarchistes essaient de s'éloigner de toute impression qu'ils seraient une idéologie au même sens que le socialisme, le libéralisme, le conservatisme et ainsi de suite. Ils avaient raison. Les socialistes ne sont pas vraiment des partisans de la socialité, les libéraux de la libéralité, les conservateurs de la conservation, en tout cas pas prioritairement ! C'est donc pointer qu'en un sens, dans la plupart des philosophies politiques, l'unité de la théorie et de la pratique est vraie en théorie mais pas en pratique ! C'est beaucoup plus le cas en ce qui concerne les anarchistes.

Mais le résultat, c'est qu'on fait face à un casse-tête intellectuel : l'histoire de l'anarchisme est-elle une question de mots, ou celle d'une orientation politique générique ou d'une attitude que le mot serait venu à représenter, mais qui pourrait exister sous bien d'autres noms, c'est-à-dire même parmi des gens qui rejettent le label d'anarchisme. C'est un peu comme avec le mot « démocratie », en ce sens. Il y a pas mal de gens qui se définissent comme « démocrates » sans se soucier de la pratique au sens où je l'entends, et beaucoup de gens qui la pratiquent sans se revendiquer comme « démocrates ».

Une partie de notre problème, c'est que le paradigme du mouvement social radical demeure le marxisme, et il est très facile de traiter le marxisme comme une série de découvertes intellectuelles et de développements cohérents, car c'est ainsi que les marxistes se voient eux-mêmes. En un sens, ils représentent le pôle opposé du spectre des possibilités. Prenez la façon dont ils se divisent intérieurement.

Les factions marxistes sont presque invariablement rassemblées autour de grands penseurs se disputant sur des points de doctrine, des définitions de la réalité, tandis que les anarchistes...

MBK : ... agissent.

DG : Oui. Ou à tout le moins discutent de la manière dont ils devraient agir. Lorsque les anarchistes forment des factions, ils ont tendance à se diviser quant aux formes d'organisation ou aux questions éthiques sur l'action, du type : devons-nous briser une vitre ? Est-il envisageable d'assassiner un représentant du gouvernement ? Ce qui signifie que l'anarchisme et le marxisme sont potentiellement conciliables, bien sûr, dans la mesure où si le marxisme est un moyen d'analyse théorique et l'anarchisme une éthique de la pratique, il n'y a vraiment aucune raison de ne pas pouvoir souscrire aux deux.

Moi-même, la définition la plus serrée que j'aie pu donner de la chose, c'est que l'anarchisme n'est ni une attitude, ni une vision du monde, ni même un ensemble de pratiques ; mais un processus permanent de va-et-vient entre les trois. Lorsque les membres d'un groupe s'opposent à une forme de domination, ce qui les amène à imaginer un monde sans lui, ce qui les oblige en retour à réexaminer et à changer leurs relations les uns aux autres... c'est de l'anarchie, peu importe le nom que vous décidez de greffer dessus.

MBK : C'est l'idée de « libre association » telle que Marx la défend. Mais il y a d'importantes différences entre ce que les communistes entendent par ce terme et la compréhension anarchiste initiale. Est-ce qu'on peut lire l'histoire des deux siècles qui viennent de s'écouler comme celle d'une récupération des actes anarchistes par l'idéologie communiste ? Ça commence peut-être par le différend entre Marx et Bakounine à l'intérieur de la première association internationale des travailleurs.

DG : Il est évident, si vous examinez les détails, que si Marx a en quelque sorte « fait le tour » de Bakounine en théorie, ce sont les prédictions de Bakounine qui se sont réalisées. Bakounine avait raison s'agissant des classes qui feraient vraiment la révolution, ou s'agissant de ce à quoi ressemblerait réellement une « dictature du prolétariat ». Les commentateurs marxistes qui sont venus ensuite rejettent généralement Bakounine avec mépris, en disant qu'il ne pouvait pas avoir raison sans pouvoir argumenter dans ce sens. Ayant passé pas mal de temps sur les barricades – pas autant que Bakounine, bien sûr, mais certainement plus que la majorité des intellectuels –, je crois que je peux comprendre cela. Sur les barricades, on obtient un sens très intime de la pulsation de la pratique révolutionnaire, qui est et était finalement très anarchiste ; si vous essayez de le mettre en mots, cela finit par apparaître très grossier et naïf. Mais cela repose au fond sur des capacités de compréhension très sensible.

MBK : Au sujet du marxisme aujourd'hui : quand Badiou, Žižek, Rancière et compagnie parlent de la Commune de Paris, jamais ils ne prononcent le mot anarchie, alors même que 80 % des ouvriers étaient anarchistes... dans le même ordre d'idée, avec la révolution bolchevik – la récupération de la révolution soviet par les Bolcheviks –, l'armée rouge s'emploie à éliminer les anarchistes, puis il y a la guerre d'Espagne avec la trahison des anarchistes par les staliniens, etc. De nouveau : est-il possible de lire l'histoire de l'émancipation des deux derniers siècles comme une sorte de récupération de la pratique anarchiste par l'idéologie communiste ?

DG : Je ne suis pas sûr que « récupération » est le mot que j'emploierais, plutôt le mot « cooptation », mais oui, c'est peut-être pourquoi tant de marxistes semblent indignés par l'existence même des anarchistes. Je me souviens avoir été très impressionné, adolescent, quand j'ai lu quelque part que si vous regardiez le tout début du XXe siècle dans des pays comme l'Italie et l'Espagne, où la moitié des syndicats étaient anarchistes et l'autre moitié socialiste, la plus grande différence c'est que les exigences des socialistes portaient toujours sur le fait d'avoir un salaire plus élevé, tandis que les anarchistes réclamaient d'avoir moins d'heures de travail. Les uns disaient en substance : « Nous voulons une société de consommation pour tout le monde, et nous voulons y avoir une plus grande part (ah oui, et qu'elle soit autogérée) » ; les autres voulaient tout simplement en sortir. Marx a insisté sur le fait que la révolution serait le fait de la fraction la plus « avancée » du prolétariat ; Bakounine a dit que ce seraient des paysans, des artisans et des paysans récemment prolétarisés, – des gens qui n'avaient pas complètement oublié l'esprit de la production autonome. Bien sûr, Bakounine avait raison : des révolutions couronnées de succès eurent lieu en Russie, en Espagne, en

Chine – pas en Angleterre ou en Allemagne. Vous vous retrouvez donc avec des circonscriptions anarchistes qui font les révolutions et des socialistes qui les dirigent. Mais... comme je le souligne toujours, si vous regardez l'organisation d'États socialistes, ils prétendaient que leur objectif ultime était une utopie de consommation d'une part (ce qu'ils n'ont pas très bien réalisé), mais, d'autre part, ce qu'ils faisaient réellement était de donner aux gens plus de temps. Vous ne pouviez pas être renvoyé de votre travail. Donc : les gens ne se présentaient pas ou présentaient un style de travail extraordinairement insouciant. Comme me le disait un ami yougoslave : on achetait le journal, on allait au travail, on lisait le journal... C'était un avantage social extraordinaire. Ce sont pour beaucoup des pays qui se sont transformés de pays pauvres en puissances mondiales, envoyant même des personnes dans l'espace, tout en travaillant 4 à 5 heures par jour ! Mais naturellement, les dirigeants ne pouvaient reconnaître cela comme un avantage social. Ils devaient prétendre qu'il y avait un problème, « le problème de l'absentéisme ». En d'autres termes, ils ont fourni des avantages sociaux anarchistes à des circonscriptions largement anarchistes, puis n'ont pas su s'en attribuer le mérite.

MBK : Peut-être que la différence ici réside dans le concept de valeur du travail. Dans l'idéologie communiste, il y a une sanctification du travail.

DG : C'est exactement cela. Et aussi dans la manière dont le travail est conçu : comme « production ». J'y ai beaucoup réfléchi récemment. Dans Bullshit jobs, j'ai fait valoir que le problème clé de la théorie marxiste, qui est devenu le bon sens populaire au XIXᵉ siècle, est que la théorie laborieuse de la valeur était entièrement fondée sur une notion essentiellement théologique de la production. Si on revient à Hésiode, ou à la Genèse, c'est toujours la même idée : Dieu est conçu comme le Créateur. Nous sommes punis de notre rébellion contre Dieu en ayant à l'imiter de la manière la plus douloureuse possible. « Tu veux être comme Dieu et faire les choses, créer ta propre vie ? », dit Zeus ou Jéhovah. « À votre guise. Nous verrons à quel point vous apprécierez. » C'est aussi une idée très genrée. Dans la genèse, Dieu condamne Adam à produire de la nourriture dans la douleur, et Ève à augmenter la douleur de l'accouchement ; en anglais, nous utilisons même le mot « travail » pour les souffrances d'une femme en couches. Dans tous les cas… eh bien, le mot production vient d'un verbe latin qui signifie « pousser ». Ainsi, l'image semble être que, tout comme les femmes poussent les bébés complètement formés, les usines sont une sorte d'imitation masculine de l'accouchement, des boîtes noires poussant les choses vers le dehors. On ne sait pas ce qui se passe à l'intérieur, sinon que l'ensemble de la chose est terriblement douloureux et difficile. La douloureuse et mystérieuse création des objets. Carlyle a en fait suggéré que Dieu avait laissé le monde à environ 20 % inachevé, pour laisser à l'homme la possibilité de partager sa divinité en faisant le reste.

MBK : Je me dis parfois que Dieu est la somme de tous les travaux possibles.

ATZ : Ou dans la Kabbale : une des lectures de la Création est que Dieu a créé le monde pour pouvoir s'embrasser lui-même ; l'envie de produire, de « pousser », procède de l'envie d'avoir une preuve de sa propre intériorité, et de jouir de lui-même dans son extension.

DG : Intéressant ! Mais la version d'Assia est l'inverse de celle de Mehdi, non ?

MBK : Mon idée, c'est que la technologie c'est Dieu. Plus exactement, si nous comparons le concept que nous avons toujours eu de Dieu à l'état d'avancement moderne de la technologie, on trouve que les deux coïncident désormais : nous parlons d'une entité omnisciente, omnipotente, indestructible… tous les prédicats dont la théologie et la métaphysique classique ont affublé Dieu sont, au moins virtuellement, réalisés par la technologie moderne. Les transhumanistes, dans leur stupidité même, ont raison ; ils répètent juste tout haut ce que la métaphysique a toujours annoncé ! Comme Leibniz qui considère Dieu comme un super-ordinateur, ce que font exactement les transhumanistes…

DG : Ah ! Donc cela ressemble plus à des morceaux de Dieu que nous avons créés jusqu'ici de manière dispersée, et qui finiront par se rassembler…

Pour moi le problème… avec ce Dieu comme Singularité, c'est qu'il ne sera toujours pas capable de réellement faire l'expérience de quelque chose, non ? Nika et moi étions en train d'en discuter avec Bifo l'autre jour. Il est fasciné par le fait que l'intelligence artificielle sera un jour capable de totalement séparer l'intelligence de la conscience, car l'IA serait une pure raison instrumentale sans conscience de soi, ce qui inclut l'incapacité à ressentir des qualia (qualités, comme la couleur bleue)... J'ai noté que les neuroscientifiques semblent convenir que sans émotion, la raison serait impossible. Les personnes atteintes de basse affectivité en raison de lésions cérébrales se révèlent aussi incroyablement mauvaises pour résoudre des problèmes. C'est comme si Descartes posait une césure totalement imaginaire entre raison et sentiment, et c'est pourtant ce que nous essayons de rendre réel en produisant un Dieu qui ne ressentirait rien.

Le Dieu kabbalistique d'Assia, d'un autre côté, semble proposer un envers absolu, non ? Il commence là où l'autre Dieu finit : il est savoir, pouvoir, capacité totale, mais avec pour résultat de n'être capable de ne faire l'expérience de rien. Je suppose que c'est cette ligne de pensée qui culmine avec le Dieu de Whitehead, qui fait l'expérience de tout et en est constamment transformé, ou, si l'on se tourne vers l'anthropologie, on a la façon dont Godfrey Lienhardt décrit la conception dinka du divin, qui est une réfraction sans fin de l'expérience. L'expérience ultime du divin pour les Dinka, dit-il, est l'expérience de camaraderie que font les personnes à l'occasion d'un sacrifice.

Bon, nous étions censés parler d'anarchie. Et nous voilà en train de parler de Dieu ! C'est un peu comme un grand bond en avant...

Nika Dubrovsky : Pas nécessairement.

DG : Et pourquoi donc ?

ND : Peux-tu m'en dire plus au sujet des Dinka ?

DG : Ils sont un peuple pastoral nilotique du sud du Soudan – en fait le langage qu'ils parlent s'apparente de manière lointaine à l'hébreu, et ils sont souvent représentés comme ce qu'on peut observer de plus proche de la société des patriarches bibliques. Ils n'ont qu'un seul Dieu, mais infiniment réfracté dans une incroyable variété d'expériences. L'expérience ultime de l'unité vient après avoir sacrifié un bœuf, tout le monde doit confesser ses péchés et résoudre ses querelles, au moins temporairement, et il y a donc un acte de violence sanglante, mais après, une expérience de joie commune et de communion pendant que tout le monde s'installe dans la fête, et c'est comme si la division primordiale de l'Univers entre le ciel et la terre, née du péché originel, était temporairement supprimée. Et cette expérience, suggère Lienhardt, c'est Dieu.

ND : Alors pour moi, ça me semble comme pour les Dinka : Dieu c'est l'anarchie. Un moment de pure réceptivité, une utopie de communication amicale. C'est vraiment l'opposé de la Singularité, qui est un Dieu totalement asocial, un déni de toute réalité sociale.

DG : C'est pourquoi nous avons une peur instinctive qu'il se transforme en Skynet et nous tue.

MBK : Continuons.

DG : OK, l'anarchie, donc. Je crois qu'il est facile de confondre diverses conceptions de l'anarchie.

Malatesta formule ce célèbre grief : les gens sont obsédés par l'idée que l'absence d'un système juridique coercitif ne peut mener qu'à un chaos violent, donc ils imaginent que les anarchistes doivent être partisans du chaos violent, ce qui mène les gens qui sont partisans du chaos violent à être appelés « anarchistes », ce qui crée une confusion.

Ce n'est probablement pas vrai, mais les gens disent que le célèbre symbole du A et du O vient de Proudhon. Ce serait la lettre O, pas un cercle, qui se référerait à une citation de Proudhon : « L'anarchie est l'Ordre, le gouvernement est la guerre civile. »

MBK : Elisée Reclus aurait dit que l'anarchie, c'est le maximum d'ordre.

DG : Je pense aussi que les gens confondent l'anarchie avec un extrême relativisme, ce qui me met toujours un peu mal à l'aise. En ce qui concerne le relativisme éthique et moral le plus total, eh bien les personnes les plus relativistes que j'aie jamais rencontrées ce sont des flics. J'étais une fois dans un car de police, avec quarante personnes menottées, et il y avait cet officier de police qui n'arrêtait pas de monter dans le bus pour discuter avec nous, nous l'appelions l'agent mindfuck. Il adoptait toujours une position d'extrême relativisme moral et nous disait : « Vous vous croyez dirigés par des impératifs moraux supérieurs à la loi, mais votre problème est que vous pensez que votre point de vue est le seul légitime. » Je l'ai vu à bien des reprises depuis : un flic qui donne un ordre complètement fou, comme vous nasser et vous ordonner de vous disperser, si vous êtes assez stupide pour essayer de le raisonner, sa réplique est simplement : « oh, vous pensez donc avoir tout compris ? Vous avez toutes les réponses. » Et il vous frappe avec un bâton. Mais bien sûr, si vous êtes autoritariste, le relativisme moral pur fait parfaitement sens puisqu'en l'absence de toute vérité il ne reste que la loi.

Force et loi, la même cosmologie méchante que nous voyons inscrite dans le langage de la physique. Voilà pourquoi, finalement, les policiers et les criminels s'apprécient tellement mutuellement ; ils habitent le même univers. C'est pour l'essentiel un univers fasciste, où la force et la loi sont les uniques principes ontologiques recevables. Pour moi, l'anarchie n'a de sens qu'en vue de contourner cette dialectique.

MBK : En ce qui me concerne, nous sommes intrinsèquement fascistes à cause du péché originel : l'identification des lois de la nature.

DG : C'est ça le péché originel ?

MBK : Oui. C'est la malédiction de l'être humain que de pouvoir identifier les lois de la nature, c'est-à-dire la science. La science permet un régime d'ultra-appropriation qu'on ne peut trouver dans les autres espèces animales. Ma question est peut-être : pourquoi, alors que nous sommes les étants capables de dire les lois de l'être et de la nature, nous échouons à appliquer cette capacité à la politique, à l'éthique, à la morale. Le résultat du savoir, le résultat de la science, c'est pour moi cette question : pourquoi est-ce que l'appropriation des lois de l'être et de la nature se solde-t-elle par une dérégulation des relations entre étants appropriateurs ? C'est une question pour anthropologues...

ATZ : Est-ce que tu proposes : « l'anarchie comme résultat de la dérégulation des rapports entre humains, causée par l'identification des lois de la nature » ?

DG : De sorte que la création de lois crée essentiellement du chaos ?

ATZ : Ce n'est pourtant pas vrai !

DG : Je soupçonne Giambattista Vico, rétroactivement, de penser exactement la même chose ! Il dit : « nous autres êtres humains pouvons comprendre seulement ce que nous faisons nous-mêmes. » En fait, nous pouvons tout comprendre sauf ce que nous faisons nous-mêmes.

ATZ : Exact, et David tu m'as déjà donné une définition de la réalité comme étant « précisément ce qui nous échappera encore, à mesure que l'on essaye de la circonscrire » ! Mehdi, tu dis que nous contrôlons tout ce que nous ne créons pas. Je ne pense pas que ce soit vrai du tout. Lorsque nous le faisons, c'est parce que nous avons exercé une certaine forme de violence, et même alors, nous devons exercer plus de violence encore pour garder le contrôle. Au niveau macroscopique, l'échec écologique est un résultat de ça. Une des raisons majeures pour lesquelles nous avons pu contrôler l'environnement comme nous l'avons fait était de le considérer comme mort, et finalement il meurt... Une grande partie du mystère, pour moi, tient à cela : notre capacité à faire violemment en sorte que le monde se conforme à notre conception de celui-ci, par contraste avec notre incapacité à soutenir les micro-utopies.

DG : Donc, si Assia a raison, notre incapacité à appliquer la science aux relations humaines comme nous le faisons pour tout le reste...

ATZ : Même si c'est précisément ce qu'une grande partie de la doctrine économique tente de faire...

DG : ... proviendrait du fait qu'il y a une limite à la violence qu'on peut appliquer aux êtres humains, comparé à ce que nous pouvons faire aux pierres ou aux souris ou à l'orge. Certes, la limite peut être éloignée. Pourtant, même si vous installez un camp de concentration, vous avez besoin de collaborateurs. Il est également logique que la gestion « scientifique » du comportement humain, qui fonde le management d'Amazon pour donner un exemple, remonte aux navires de la marine et aux plantations esclavagistes ! C'est-à-dire à des espaces fermés où certaines personnes avaient vraiment un contrôle violent sur les autres. Tout est né du fouet.

J'ai souvent fait remarquer qu'une théorie sociale consiste généralement à retirer 97 % de ce qui se passe dans une situation donnée pour n'en exposer que 3 % au titre d'un modèle significatif, un modèle que vous n'auriez pas remarqué autrement. Il n'y a évidemment rien de mal à cela. Sinon, comment ferions-nous pour dire quoi que ce soit de nouveau ? Les ennuis commencent quand ces modèles simplifiés de la réalité acquièrent des armes. Quand j'ai défini la dette comme une promesse qui a été pervertie par une confluence de mathématique et de violence, je pensais dans le même sens. Mais – et c'est une chose que je retiens de ton travail, Mehdi – tout cela découle d'un fossé entre la philosophie et la tragédie ; afin de constituer un monde de lois scientifiques, où les abstractions semblent générer les réalités, il faut être dans le déni de la violence de ce même processus. Il faut l'effacer, ce qui n'est bien sûr pas possible, en sorte que son excédant revient sans cesse sous des formes de plus en plus perverses et terrifiantes.

Les rênes de l'imagination : l'illusion de l'impossibilité

ATZ : J'aimerais y voir plus clair dans ce chassé-croisé entre abstractions et « le réel qui se manifeste ».

Il y a pour moi une relation entre l'organicité de l'anarchie telle que vous l'avez décrite, et une certaine notion de « santé ». D'un point de vue politique, cette santé se manifeste dans l'énergie qu'il faut pour réclamer ce qui vous est dû, et avoir cette énergie dépend du sentiment d'y avoir droit. Il semble que notre capacité à émettre des demandes ait à voir avec notre sens du droit.

J'étais préoccupée par le type de droits avec lesquels ma génération a été élevée. C'est un vaste sujet bien sûr, mais une grande partie de ceux-ci sont des rapports dans lequel les objets et les lois viennent jouer les médiateurs de notre relation au monde...

Bien que ce soit en train de changer. Un exemple concret : le sentiment d'avoir le droit à un voyage commercial, lié à la question des moyens, plutôt que le droit à la libre circulation. Il suffit que quelqu'un qui a vécu en dehors de cette enceinte imaginaire souligne très simplement : « hé, pourquoi ne parcourriez-vous pas librement la terre ? » pour que la logique du contrôle des frontières et des péages ne se dissipe pas entièrement, mais se distingue du niveau très basique de la réalité pour apparaître pour ce qu'elle est : une architecture superposée. Mais mettons que disparaissent tous les gens qui ont connu autre chose que l'étape actuelle de la cosmologie industrielle. Jusqu'à quel point pourrait-elle être naturalisée ? Pourrait-elle être oubliée ?

David parlait tout à l'heure de l'intelligence sensible qu'on développe sur les barricades. C'est un bon exemple. D'après ce que je comprends de ton expérience sensorielle et de ton analyse politique de ce que nous pouvons appeler l'anarchie, il y a quelque chose de très humain à se souvenir de certaines de nos fonctions out of order. En dehors donc de l'effort d'ordonner et de figer quelque chose par peur de la mort et de la décomposition – ce qui revient à choisir la mort maintenant par peur d'elle plus tard... Je deviens un peu lyrique. Mais l'angoisse que je portais pendant mon projet de licence était de savoir si nous pouvions l'oublier à ce point ? Politiquement ?

Il y avait dans un magazine de Occupy Wall Street un communiqué qui m'a émue aux larmes. Il disait : « nous ne savons même pas pourquoi nous sommes ici (en manifestation), ni à quoi nous attendre, ni que demander, parce que nous ne savons pas vraiment ce que l'on est censé ressentir au monde ; tout

ce que nous savons, c'est que nous avons cette nau-
sée spirituelle dont nous n'avons pu parler à personne, puisque personne ne dispose de beaucoup de
temps pour parler de l'âme », et : « si les fantômes
de Wall Street sont perturbés par notre présence
dans leur rêve, tant mieux ; il est temps que l'irréel
soit exposé pour ce qu'il est. » J'étais profondément
émue que les gens se soient spontanément réunis en
2011 juste pour vérifier : « Es-tu réel toi aussi ? OK,
donc je suis réel. Tu es réel. La dette ne l'est pas. Je
meurs à cause de ce concept. Les idées sont donc
puissantes, mais seulement certaines d'entre elles,
en sorte que si je choisis de croire et de m'engager
dans la magie, par exemple, cela me sera refusé. Eh
bien va te faire foutre, je suis une sorcière. »

DG : Oui, pourquoi pas ?

Tu sais que je suis ami avec des gens qui ont écrit
ça – l'un est de Ramallah et l'autre est de Punjab
donc ce texte, en tout cas, ne traite pas exclusivement de ce qu'on appelle des first-world problems.

À mon avis, votre génération – tu as 21 ans
aujourd'hui – a connu une offensive sans précédent
contre toute sorte de sentiment d'avoir droit à quoi
que ce soit – plus ou moins ce que vous attendriez
des générations précédentes, occupées à supprimer
tous les droits qu'elles tenaient elles-mêmes pour
acquis lorsqu'elles étaient plus jeunes ; et j'ai remarqué que cela a créé une culture vraiment toxique.
Je l'appelle « grondement des droits ». Il en existe
une version de droite et une version de gauche. La
première est plus directe : « qui crois-tu être pour
mériter des soins sanitaires ? Ou une pension ? Ou
une égale protection devant la loi ? » Mais la version

de gauche est d'une certaine façon plus insidieuse. C'est la continuation d'une initiative constructive, mais elle consiste à apprendre aux gens comment ils doivent sans cesse « checker » leurs privilèges, s'ils sentent qu'ils méritent quelque chose qu'une personne plus opprimée ne peut pas avoir : vous vous plaignez que les flics vous battent ? En Indonésie ils vous auraient tués ! Vous vous plaignez d'avoir été expulsés ? Vous savez que certaines personnes n'ont pas de logement du tout ! C'est l'influence, je crois, du puritanisme. Les gens sont un peu surpris quand vous montrez des choses évidentes comme : « mais le problème n'est-il pas qu'un homme hétéro blanc a un sentiment de droit tandis qu'une femme noire queer n'en a pas ? »

Il y a ensuite la question de ce qu'on vous apprend à penser comme possible.

J'ai vécu à Madagascar pendant deux ans. C'était un espace qui n'était pas sous contrôle étatique dans le sens immédiat du terme. Il y avait un État-nation, mais après la révolution des années soixante-dix, la campagne avait été largement abandonnée, et les communautés rurales étaient devenues autonomes. Elles s'étaient mises dans une situation où personne ne payait d'impôts. La police ne quittait pas les rues pavées, qui étaient peu nombreuses. D'un autre côté, ils avaient mieux à faire que d'attirer l'attention sur tout ça ; ils ont compris qu'il serait stupide dans cette situation de brandir un drapeau et de proclamer : « aha ! Nous sommes indépendants à présent ! » S'ils l'avaient fait, des gens armés auraient fini par se présenter pour rétablir l'autorité de l'État.

Ainsi, la population rurale de cette partie de Madagascar, de façon extrêmement sensée, s'est rendu compte que tant que vous prétendiez que l'État est là, vous vous en tirez en l'ignorant presque complètement. Ils allaient même périodiquement en ville pour remplir des formulaires et faire semblant d'enregistrer des choses, mais les fonctionnaires comprenaient qu'ils seraient traités avec respect tant qu'ils resteraient dans les bureaux. S'ils essayaient d'exercer leur autorité au dehors, on leur ferait la vie dure par toutes sortes de résistances passives. Et, d'une manière générale, ils se sont résolus à jouer le jeu.

Donc, par pure coïncidence, je suis l'un des rares anarchistes que je connaisse à avoir réellement vu des communautés autoorganisées, existant largement en dehors de toute autorité de coordination hiérarchique. Ils pouvaient le faire en partie parce qu'ils ne l'exprimaient pas en ces termes : résistance non violente, résolution des conflits, prise de décision par consensus. Tout cela, c'était seulement la vie... la façon dont les gens s'étaient conduits depuis qu'ils étaient enfants.

Quelques années plus tard, quand je fus de retour aux États-Unis, et que je m'impliquai dans des groupes d'action directe tentant de reconstruire ce genre de processus et de sensibilité, il me fallut un certain temps pour comprendre que nous essayions de créer exactement la même chose. Mais nous n'avions aucune idée de ce que nous faisions, donc tout devait être rendu explicite. Les Américains sont fiers d'être une société démocratique, mais si vous demandez à l'Américain moyen : « à quand remonte la dernière fois que vous avez fait partie d'un groupe de plus de cinq personnes ayant pris une décision collective sur une base plus ou moins égalitaire », il se grattera la tête. Peut-être lors de la commande d'une pizza. Ou pour décider quel film aller voir. Sinon, fondamentalement, jamais.

Quand je me suis impliqué dans le Direct Action Network et d'autres groupes anarchistes, nous avons eu des formations régulières sur la façon de prendre des décisions par consensus, qui m'ont finalement beaucoup aidé à comprendre ce que j'avais observé à Madagascar. « Oh ! c'était un bloc ! » Parce qu'à Madagascar, cela était pleinement intégré dans la vie quotidienne, ce qui rejoint ce que tu disais, Assia. C'était une capacité sociale que tout le monde possédait, devenue totalement irréelle pour les Américains.

Il s'agit plus que du fait de n'avoir jamais eu l'expérience de prendre des décisions collectives. Il s'agit aussi du fait qu'on vous apprenne que de telles choses sont impossibles. Pas directement bien sûr ; ou pas habituellement. Il existe d'innombrables institutions opérant dans des sociétés soi-disant « démocratiques » qui auraient tout aussi bien pu être conçues pour expliquer que la démocratie ne fonctionnerait jamais vraiment (et, dans certains cas, étaient vraiment vouées à nous expliquer cela). Nous sommes constamment entourés par elles. Considérez, par exemple, le réseau routier. Prendre un train ou un bus fait ressortir un certain type de comportement. Être en voiture en fait ressortir un autre. Ce n'est pas sans raison, je pense, que les Américains et les nazis ont si consciemment privilégié la culture automobile au détriment des transports en commun : cela renforce un certain sens de la « nature » humaine.

À bien des égards, les Romains étaient les génies politiques du monde antique, parce qu'ils ont réussi à convaincre tant de gens, dont beaucoup avaient une longue histoire de prise de décision démocratique, que la démocratie serait une chose terrible. Des auteurs comme Thucydide ont simplement mené une propagande contre la démocratie. Les Romains l'ont rendue viscérale. Il faut y penser sous cet angle : dans l'Athènes antique, vous aviez l'Agora qui était souvent assez turbulente, mais a au final pris des décisions collectives pour le bien commun. Pour un citoyen romain, la seule expérience que vous pouviez avoir d'une prise de décision collective était de lever ou baisser le pouce dans le cirque pour savoir si un gladiateur devait être égorgé. Ces jeux étaient parrainés par des membres de l'élite sénatoriale qui ont exercé la fonction de magistrat, et Rome a largement justifié son pouvoir en prétendant imposer un système équitable de droit rationnel. Mais ces mêmes magistrats ont organisé des formes de divertissement pour transformer les masses en une foule lyncheuse, pour attiser des passions folles, des alternances de soif de sang et de prestations somptuaires, de factionnalisme, de culte des idoles, de bouc émissaire... Tout cela fut conçu pour convaincre que la démocratie elle-même serait un désastre, qu'il fallait la confiner aux jeux, et laisser les professionnels s'occuper du droit et de la gouvernance. Ce fut extraordinairement efficace. Si vous regardez comment les Européens – en tout cas les Européens lettrés – ont parlé de la démocratie pendant les 2000 ans qui ont suivi, ils ont invariablement évoqué le cirque romain. « Nous ne pouvons avoir ça ! Le peuple est une bête féroce ! Nous avons vu comment il se comporte. Il se transforme en foule lyncheuse comme au cirque. » En fait, si vous y réfléchissez bien, c'est probablement la raison pour laquelle, même aujourd'hui, dans la plupart des « démocraties », le système de justice pénale est toujours la branche la moins démocratique du gouvernement. Les jurys, qui sont choisis par le tri, sont les exemples les plus proches dont nous disposions encore du type d'organe délibérant commun dans les anciennes démocraties. Mais leurs pouvoirs sont fortement circonscrits – ils ne peuvent juger que des faits, pas rendre des jugements –, les sanctions doivent être infligées par des magistrats... Parce que des personnes ordinaires ne peuvent faire de même sans se transformer en foules lyncheuses comme dans le cirque romain. Même les personnes très libérales, qui prétendent être toutes dévouées à la démocratie, supposent cela de façon automatique.

Bien sûr, les foules lyncheuses ont fait des choses terribles, mais les magistrats aussi. À vrai dire, les juges ont sur la conscience bien plus d'atrocités que les foules lyncheuses. Mais on ne voit personne s'ériger et les montrer du doigt : « D'évidence, il nous faut abolir les juges ».

Par conséquent, j'appelle des institutions comme le cirque romain – et il y en a d'autres comme ça – des exemples du « phénomène du miroir laid ». L'expérience est organisée de telle sorte qu'elle vous suggère en permanence que vous êtes vraiment une mauvaise personne, incapable de vous réconcilier avec les autres de manière raisonnable.

Donc, je suis de retour aux Etats-Unis, participant à des groupes anarchistes qui agissent sur un processus consensuel, participant à des conseils de porte-parole où un millier de personnes se sont organisées par groupes d'affinités, avec une formation de base de démocratie directe, avec signaux manuels et autres. Tous sont assis dans une pièce et prennent des décisions collectives sans structure de direction. Ensuite, vous sortez de la pièce et vous réalisez la chose ! Attendez une minute, on m'a appris toute ma vie, de mille manières subtiles et moins subtiles, que quelque chose comme ce dont je viens d'être témoin ne pourrait jamais se produire. Alors vous vous demandez : combien de choses impossibles du même genre ne sont, en fait, pas si impossibles ? Je sais que les auteurs de cet article sur Tidal en ont fait l'expérience. Je pense que c'est probablement ce qu'ils avaient à l'esprit.

Révolutions de bon sens

ATZ : C'est là que vos efforts mutuels revêtent à mes yeux tout leur intérêt. Mehdi, en cela qu'il engage, dans sa vision globale d'un système du pléonectique, une dénaturalisation du Mal et de la cupidité en posant les questions de leur genèse. Et à peu près tout ce que tu fais, David, qui réoriente ergonomiquement la pensée, laissant ton lecteur incertain des certitudes qui l'habitaient avant de te lire.

Tout cela me fait revenir au contre-pouvoir de Clastres, sur lequel David écrit dans Pour une anthropologie anarchiste : l'idée que les sociétés acéphales ne le sont pas passivement, mais activement et volontairement. Tu écris que le contre-pouvoir s'oppose non seulement aux structures de pouvoir existantes, mais à leurs possibilités latentes. Cela me semble important pour mettre en valeur le

volontarisme de l'organisation sociale non coercitive, pour dire : tout le monde est conscient de la possibilité de la domination, mais certains prennent des
mesures pour l'empêcher. Tu donnes les exemples
des Tiv ou des Piaroa qui vivent une vie pacifiste
équilibrée par des guerres invisibles dans le monde
des esprits, leur cosmos est agité. Je me demande si
nous ne vivons pas l'inverse de cet équilibre « cosmos agité/vie paisible » chez nous, où le cosmos
répond à la devise « liberté/égalité/fraternité » alors
que l'expérience confronte à la violence induite par
le « miroir laid »…

DG : Ce que tu dis, c'est que, alors qu'ils se rappellent constamment les dangers de l'autoritarisme,
nous nous rappelons constamment les dangers de la
liberté ?

ATZ : Oui, quelque chose comme ça. Ils créent
consciemment des arènes d'agression dans le monde
invisible afin d'isoler l'antagonisme dans la sphère
collective. Là, ils peuvent régler les problèmes par
des moyens rituels. Alors que nous construisons un
monde invisible de coexistence pacifique, par des
rituels qui affirment notre unité, alors que nos structures quotidiennes sont propices à la compétition et
aux conflits individuels.

MBK : Il y a un anarchiste américain, je ne me souviens plus de son nom, qui disait : « l'égalité sans la
liberté, c'est la prison ; mais la liberté sans l'égalité,
c'est la jungle ». C'est ma question centrale en politique : quel est le régime où trouver le meilleur équilibre entre égalité et liberté ? C'est par la question du

jeu, dont nous parlerons plus tard, que j'indique la piste d'une réponse.

Nous pouvons parler des Gilets jaunes, dans la mesure où même s'il n'y a pas de référence explicite à l'anarchie, c'est comme si cela était dans leur ADN, comme s'ils réalisaient une foule de principes anarcho-situationnistes. Les Gilets jaunes utilisent souvent l'expression de « cerveau collectif » et refusent le pouvoir vertical.

DG : Excellent ! C'était mon intuition. Je connais des gens sur la ZAD de Notre-Dame-des-Landes et il y avait à l'origine une déclaration sur la création d'assemblées populaires et sur l'horizontalisme. J'ai écrit quelque chose qui disait en substance que ça allait émerger et j'espère que c'était vrai. Je n'utilisais pas la terminologie de « l'événement » lorsque je formulais cela, plutôt l'idée d'Immanuel Wallerstein sur les révolutions mondiales. En fait, je connaissais Wallerstein, il était à Yale quand j'y étais, nous sommes devenus amis ; et j'ai été très impressionné par sa réflexion dans ce domaine. Apparemment, tout cela remonte à une discussion qu'il a eue avec quelqu'un au sujet de la Révolution française. L'autre lui soutenait que les révolutions n'avaient pas eu autant d'importance que nous le pensions : certes, la France a beaucoup changé entre 1750 et 1850, mais le Danemark aussi, et ils n'ont jamais eu de révolution d'aucune sorte. Wallerstein a clairement fait remarquer que le Danemark avait eu une révolution : la Révolution française. Toutes les vraies révolutions ont un impact mondial. A partir de 1789, il y a toute une série de révolutions mondiales : 1848, 1917, 1968… certaines impliquaient la prise de pouvoir dans certains pays et d'autres pas, mais impliquaient juste une série de soulèvements à travers le monde, de l'Allemagne au Mexique, mais dans les deux cas, les effets étaient mondiaux. Le plus important de ces effets a été de changer le bon sens politique. Wallerstein a très simplement fait remarquer que, si en 1750 vous aviez dit à un Européen instruit moyen que « le changement social est inévitable et bon », ou que les États tirent leur légitimité de quelque chose comme « le peuple », il vous aurait probablement ostracisé comme une sorte d'excentrique qu'on voit trop souvent traîner dans les cafés ; en 1850, tout le monde, même le directeur le plus grossier, devait au moins faire semblant d'être d'accord avec vous.

ATZ : Donc selon toi quand est-ce qu'émerge le problème des révolutions – ou du moins de grands recalibrages du bon sens politique – qui ne sont suivis d'aucune sorte de changement structurel ? Oui, il y a eu une révolution de principe en 1968, ou après Occupy Wall Street (comprendre la nature abstraite de l'argent) ou autour des évènements des Gilets jaunes (la violence contestataire vue à la télévision n'est qu'une fraction de la violence étatique)… Mais qu'importe ce recalibrage du sens commun s'il n'y a pas du tout de changement dans la répartition du pouvoir ?

DG : Wallerstein dirait que les effets sont retardés : 1848 a été réalisé dans la commune de Paris, 1968 a été réalisé dans l'effondrement du mur de Berlin. De plus, les effets sont souvent très différents de ceux auxquels on pouvait s'attendre. D'où l'argument souvent mis en avant, selon lequel c'est la révolution russe qui a provoqué l'état-providence américain.

MBK : La soi-disant révolution russe...

ATZ : Et la soi-disant providence !

DG : Et vous savez qu'ils disent que « l'atterrissage d'Apollo sur la lune a été la plus grande réussite historique du communisme soviétique » !

(Rires)

ND : Tout cela était d'une ironie acerbe pour nous autres de l'autre côté du rideau de fer. Nous étions là avec nos marteaux et nos faucilles, mais sans papier toilette, ni saucisse ! Et le résultat était que les capitalistes comblaient les travailleurs en Amérique ou en France de bénéfices sociaux pour qu'ils ne viennent pas de notre côté. Puis, bien sûr, quand nous avons déposé marteaux et faucilles, en pensant que nous obtiendrions aussi quelques-uns des bénéfices dont vous jouissiez, qu'ont-ils réellement fait ? Ils vous ont enlevé les vôtres.

DG : Alors bien sûr, quand 2011 est arrivé, j'ai envoyé un e-mail à Wallerstein et je lui ai demandé s'il parlerait d'une révolution mondiale de 2011, et il m'a répondu : « oui, absolument ». Donc la question est : quelle a été la transformation du sens commun qui a été impulsée par ces événements particuliers – le printemps arabe, Occupy etc. ? Je pense que cela a changé nos hypothèses fondamentales sur ce à quoi devait ressembler un mouvement démocratique.

La démocratie est maintenant vue comme étant fondamentalement incompatible avec l'État. Voilà pourquoi il est logique de voir les Gilets jaunes comme des anarchistes ! Et il y a aussi un changement générationnel, que je trouve extraordinaire. Si je ne m'abuse, une majorité des Américains de moins de trente ans se considèrent eux-mêmes comme anticapitalistes. Quand cela a-t-il jamais eu lieu auparavant ? Ni dans les années 1930, ni dans les années 1960. C'est une transformation vraiment profonde.

MBK : Et pour toi, c'était Occupy Wall Street ?

DG : Oui, je le pense.

MBK : Encore aujourd'hui, la seule révolution qui ait eu des effets universels à long terme est la Révolution française, à travers les droits de l'homme. Mais tu as raison, pour autant qu'un événement politique majeur advient, ses effets sont globaux...

De l'éthique féministe dans l'anarchisme – composer avec des perspectives incommensurables

MBK : Historiquement, le féminisme est extrêmement important dans l'anarchisme – tandis que dans le communisme, si on gratte un peu la surface, on trouve le bon vieux machisme. Il y a une contradiction entre l'idéalisme politique, l'hypostase du travailleur, et la vision des mœurs. Certains des plus grands penseurs de l'anarchisme sont des femmes...

DG : Oui, Emma Goldman, Lucy Parsons, Voltairine De Cleyre, Louise Michel, Elizabeth Gurley Flynn...
   C'est ce que j'ai essayé de dire plus haut en évoquant la thématique de la « production ». Le marxisme s'est condamné à adopter une définition extrêmement patriarcale et, oui, machiste, du travail, ce qui en retour a renforcé une conception machiste du politique. Après tout, la plupart des travaux ne sont pas « productifs » au sens propre du terme, comme nourrir, nettoyer, transporter, réparer, organiser, entretenir des choses (et pas seulement des choses, mais des personnes, des animaux, des plantes...). Tu ne « produis » un verre qu'une fois, tu le laves des dizaines de fois. Tout ce qui est mis de côté dans la formulation marxiste classique, on peut le tenir pour du travail féminin. Mais cela rend également beaucoup plus difficile de voir la contribution politique des femmes comme un travail : tout le travail social, le travail d'interprétation, qui est nécessaire à ce que votre théoricien masculin puisse se tenir sur son soapbox pour faire de grandes déclarations.
   J'ai été très impressionné récemment en lisant un anthropologue brésilien, Carlo Fausto, sur les concepts amazoniens de propriété. Considérez une lance. Vous trouvez un morceau de bois, vous en faites une lance, vous l'utilisez, la conservez et l'entretenez. Nous sommes habitués à penser que toute l'action réside dans la mise en forme : l'outil doit appartenir au producteur. Un Amazonien regarde la première et la dernière étape : vous n'avez pas produit le bois, vous l'avez saisi par un acte

d'appropriation offert par les dieux (nous dirions aussi bien : la « nature »), et, oui, vous la façonnez, mais après cela, vous vous occupez de la chose. C'est le processus de transformation de l'appropriation prédatrice en soins nourriciers qui est le paradigme de la propriété, en Amazonie : la métaphore est souvent un gibier, un perroquet ou un agouti, que vous ne tuez pas ou ne mangez pas, mais finissez par garder comme animal de compagnie.

Je suis convaincu que c'est cette obsession de la « production » qui a finalement sapé la théorie laborieuse de la valeur, qui avait été presque universellement acceptée au XIXe siècle, et a permis aux capitalistes d'inverser les termes et de dire : « nous sommes les véritables créateurs de richesse ». Et comme je l'ai dit, ça a aussi eu des effets politiques. Maintenant, évidemment, l'anarchisme a eu plus que sa part de spécimens machos, mais il a reconnu que la libération de la femme était importante dès le début, on ne pouvait pas se contenter de dire : « oui, oui, nous verrons après la révolution ». Étant donné que l'anarchisme est à ce point axé sur la pratique et que, dans la plupart des groupes radicaux, ce sont les femmes qui font le véritable travail d'organisation et de coordination, il devient très difficile d'ignorer cela. Le processus anarchiste vient tout autant du féminisme que de l'anarchisme politique. Bon, il y a aussi les Quakers et à travers eux de fortes influences amérindiennes, mais on y reviendra peut-être.

Ce qui venait réellement du féminisme, et plus précisément de ce que l'on appelle l'éthique du soin féministe, est l'idée que vous commencez par un souci du particulier : cette personne, ce problème, ce paysage ou cet écosystème que vous souhaitez préserver, puis que vous y apportiez ensuite l'universalité des principes – raison, justice, non-violence – pour soutenir cet engagement initial. Le général est amené à servir les intérêts du particulier, et non le particulier à découler de principes généraux.

Donc, dans un processus consensuel, vous n'essayez pas d'amener les gens à une définition commune de la réalité : vous commencez avec l'hypothèse que la perspective de chacun est, dans une certaine mesure, incommensurable, et que c'est une bonne chose : ce genre de différence a une valeur en elle-même. Votre unité réside plutôt dans un engagement commun pour l'action. Ainsi, s'il existe des principes formels d'unité, ils ne commenceront pas, comme cela se fait dans de nombreux groupes marxistes, par des définitions : « nous nous définissons comme des amis, des camarades ou l'avant-garde du prolétariat », mais plutôt par des fins : « nous voulons le faire ». C'est ce que je trouve si rafraîchissant dans la sensibilité anarchiste : vous ne voulez pas même atteindre à quelque uniformité idéologique que ce soit. Ici vous pourriez opposer : eh bien, comment pouvez-vous agir dans un but commun si vous ne pouvez même pas vous mettre d'accord sur qui ou quoi vous êtes ? Mais en pratique, ce n'est pas si paradoxal, à condition que vous soyez d'accord sur le problème, sur ce que vous êtes en train de faire. Si vous pensez que la démocratie est la résolution des problèmes, eh bien, qui va être le mieux à même de les résoudre ? Huit personnes si similaires qu'elles pourraient être des clones, ou huit personnes ayant des expériences et des perspectives différentes ? De toute évidence, c'est dans ce dernier cas de figure que vous allez avoir le plus de créativité et de perspective.

MBK : C'est cette illusion qui éclate maintenant avec les Gilets jaunes. Tout le monde réalise que les parlementaires pensent tous la même chose dans la mesure où ils viennent tous du même milieu, des mêmes écoles, etc. Ils sont ennemis sur le papier, mais ça s'arrête là. C'est un spectacle, comme dirait Debord. On donne le spectacle de l'antagonisme politique, mais une fois le parlement quitté tout le monde est ami.

DG : Bien dit ! On pourrait dire que la politique parlementaire est le contraire de la démocratie (la démocratie au sens où l'entend l'anarchisme). Dans la politique dominante, il n'est pas nécessaire de parvenir à un consensus, car vraiment la classe politique est en accord complet sur presque tout, de la théorie économique à la nature de la réalité en passant par l'opportunité et la possibilité d'un changement social. Ainsi, les politiciens peuvent passer leur temps à créer des divisions artificielles sur des sujets polarisants, calibrées avec précision, à allumer des feux et à les éteindre, car finalement cela n'a guère d'importance. Les anarchistes commencent avec des groupes de personnes qui vivent dans des réalités radicalement différentes, et essaient de créer des unités pragmatiques, sur des plans d'action particuliers.

C'est seulement quand vous considérez la réalité comme générée par des catégories que la question de l'incommensurabilité devient un problème plus ou moins terrible. Si vous y réfléchissez bien, ce qu'est la vraie politique, et ce que, par exemple, le processus de consensus essaie de faire, c'est précisément de comprendre comment concilier des perspectives incommensurables dans une situation pratique d'action. Voilà ce qu'est l'anarchisme pour moi : une communauté d'objectifs sans communauté de définition. La politique telle qu'elle est actuellement conçue est l'exact contraire de ça : nous sommes tous censés nous mettre d'accord sur la réalité, et ensuite nous la combattons parce que nous manquons d'un objectif commun, ou avons des intérêts et des identités contradictoires.

ND : Je viens d'une expérience soviétique qui n'était pas exactement le communisme, mais plutôt un capitalisme monopolistique : ce que nous apprenions à l'école était très drôle. Nous étions formés pour mémoriser la définition du communisme, mais c'était quelque chose de poétique et d'abstrait qui ne voulait rien dire dans la réalité. Sur le plan pratique, nous n'étions censés, bien entendu, discuter de rien qui soit trop compliqué, la théorie politique ne devant être discutée que par des personnes ayant une formation technique à cet effet. C'était une contradiction : nous ne pouvions pas avoir d'action commune, mais nous devions nous mettre d'accord sur quelque chose à propos de quoi il était difficile de s'entendre, dans la mesure où nous ne savions pas vraiment de quoi il s'agissait.

DG : J'appelle ça parfois le « communisme mythique » ou le « communisme épique » : il fut un temps où nous partagions tout en commun ; désormais, tout a mal tourné mais un jour, nous atteindrons à nouveau le vrai communisme. Tout cela est très messianique, comme l'ont souligné d'innombrables critiques ; mais cela rend également très difficile de relier la pratique quotidienne à ses idéaux. C'est pourquoi j'insiste sur le fait que nous devrions définir le communisme uniquement comme une pratique, lorsque des gens interagissent réellement sur la base de « de chacun selon ses capacités, à chacun selon ses besoins ». En ce sens, nous sommes communistes tout le temps. Toutes les sociétés, en fait, sont fondées sur un communisme de base sans quoi elles ne seraient pas des « sociétés » du tout ; et, bien sûr, si les gens travaillent sur un projet commun, ils se comportent automatiquement de manière communiste, car c'est évidemment la manière la plus efficace de procéder. Si je fais de la plomberie, même si c'est pour le bureau de Monsanto ou de Goldman Sachs, et que je dis : « donne-moi la clé », l'autre ne me rétorque pas : « ah oui, et qu'est-ce que j'obtiens en échange ? » Il a une capacité, j'ai un besoin. Surtout que nous justifions même le marché sur cette base, « l'offre et la demande » sont des transpositions de « la capacité et le besoin ». Ce qui signifie que, dans un sens pratique, le capitalisme n'est qu'une mauvaise façon d'organiser le communisme. Nous devons juste trouver une meilleure manière de le coordonner.

ATZ : Je voudrais relever la manière dont nous utilisons les termes et comment nous les cernons. Nika viens de redéfinir l'Union soviétique comme un « capitalisme monopolistique » et David a parlé du capitalisme comme d'un « communisme mal organisé »… peut-être qu'il y a quelque chose à développer.

DG : Tu veux dire que le socialisme d'État est une mauvaise manière d'organiser le capitalisme, de la même façon que le capitalisme est une mauvaise façon d'organiser le communisme vernaculaire !

ATZ : Oui ! Et peut-être que là, nous percutons les murs d'une architecture particulière de l'imaginaire... étant donné que nous en sommes à exposer quelles enceintes et impossibilités sont fabriquées par une structure sociale, je serais tentée de tenir l'État pour seul responsable de cette entourloupe. Pourtant, je sais que tu t'éloignes de cette position, David.

Les trois caractéristiques de l'Etat et leur indépendance (deux pour nous, une pour le cosmos)

DG : En effet.

Cela peut sembler étrange parce que l'anarchisme est traditionnellement conçu comme une opposition à l'État, mais je suis de plus en plus convaincu que lorsque nous imaginons un État, nous pensons à trois choses différentes, avec des origines historiques entièrement distinctes, qui se sont juste réunies par hasard, et dont nous essayons depuis lors de nous convaincre qu'elles entretiennent une relation nécessaire, ce qui n'est pas le cas. D'un côté vous avez la souveraineté, qui est la capacité à exercer un pouvoir coercitif sur un territoire, de manière aussi violente que vous le voulez, avec impunité ; puis vous avez le principe d'organisation administrative qui concerne le contrôle des connaissances ; et pour finir, vous avez l'existence d'un champ politique compétitif. Si vous observez ce fait dans une perspective historique, vous vous rendez compte qu'il est très facile de trouver des exemples où ces trois choses ne sont pas venues ensemble.

Prenez la royauté divine des Shilluk – les Shilluk étant un autre peuple pastoral nilotique, un peu comme les Nuer ou les Dinka, sauf qu'ils ont un roi. Le roi Shilluk – ils l'appellent le reth – incarne la souveraineté dans sa forme la plus pure. Le roi peut faire absolument ce qu'il veut – quand il est physiquement présent. Mais quand il n'est pas là, il n'a aucun pouvoir car il ne dispose d'aucune bureaucratie. Il n'y a pas de principe d'administration, et, d'ordinaire, il n'y a pas non plus de champ politique compétitif. Quand le roi meurt, il y a un interrègne d'un an où les successeurs rivaux se disputent le pouvoir, mais après cela il disparaît à nouveau. Donc le roi est relégué dans cette petite bulle : une ville pleine de ses femmes et de quelques sbires, et un garde du corps spécial qui un jour l'exécutera quand il sera trop vieux, une ville que tout le monde évite normalement. Sinon, il ne se présente que lors des procès, pour juger. Dans la mesure où il y a une administration, ce sont surtout ses femmes, car il en a une centaine, et elles visitent périodiquement leurs villages natals. Soit dit en passant, ces femmes ont le pouvoir d'ordonner collectivement l'exécution du roi lorsqu'elles décident qu'il est trop vieux et trop faible pour les satisfaire sexuellement. Ce dernier trait est particulier aux Shilluk, et il est prouvé que l'ensemble du système a été mis en place par une certaine reine, Abudok, qui a été destituée et a proposé ces règles comme une sorte de compromis, mais le modèle essentiel est étonnamment commun.

Les Natchez, dans ce qui est maintenant la Louisiane, semblent avoir eu quelque chose de similaire : le roi pouvait prendre ou faire ce qu'il voulait quand il était là mais ses ordres étaient tout simplement ignorés lorsqu'il partait. On peut appeler ça la souveraineté à l'état brut.

À Sumer, donc dans les premiers « États » que nous connaissions vraiment, il n'y a aucun principe de souveraineté, et donc aucun État réel, au sens wébérien d'une organisation qui revendique avec succès le monopole de la force coercitive sur un territoire donné ; il n'y a même rien qui soit assimilable à une police ; par contre, vous avez des formes d'administration multicouches incroyablement complexes.

De même, des champs politiques où des personnages plus grands que nature rivalisent de gloire et de disciples... ce n'est pas non plus sumérien. C'est même pour ainsi dire anti-sumérien. Mon ami, l'archéologue David Wengrow, l'a souligné : si vous regardez toutes les grandes traditions épiques, que ce soit le Rig-Veda, les épopées homériques ou plus tard les cycles épiques nordiques ou celtiques ou balkaniques, elles ne concernent jamais les grandes civilisations, mais ont tout à faire avec les barbares qui ont fait la guerre et commercé avec les grandes civilisations. Les citadins et les barbares en sont venus à se définir par opposition les uns aux autres. On appelle ça la « schizogénèse » dans le jargon. En gros : si les Sumériens créent une société commerciale et bureaucratique, les barbares refusent d'utiliser de l'argent. Mais surtout, les barbares développent une politique qui se concentre sur des figures héroïques qui sont constamment en compétition dans des jeux ou des sacrifices, dans toutes sortes de concours. On pourrait dire qu'ils ont été les premiers politiciens. À présent, nous supposons que c'est la raison d'être de la démocratie – mais pour la majeure partie de l'histoire humain, la démocratie a été considérée comme le contraire : elle résolvait les problèmes collectivement, tandis que les contestations publiques dramatiques entre figures héroïques était l'aristocratie.

Les cités-États grecs sont issues des barbares homériques, vivant en marge des grandes civilisations du Moyen-Orient. Progressivement elles s'emparent de quelques morceaux d'un État administratif – et elles tentent de fusionner les deux, politique héroïque et bureaucratie... mais toujours sans principe de souveraineté. En fait, David Wengrow est arrivé à la théorie intéressante que la plupart des premiers États ont deux des trois principes, et que le troisième est projeté dans le cosmos d'une manière ou d'une autre ; par exemple, les Mayas avaient une politique et une souveraineté héroïques, mais la bureaucratie était projetée dans les dieux ; l'Égypte avait la souveraineté et la bureaucratie, mais la politique était projetée dans les dieux, et ainsi de suite...

Pourtant, le point clé, ce que nous considérons comme « l'État », est une conjonction de trois éléments qui ne sont pas apparus ensemble, et, historiquement, ils avaient généralement peu ou rien à voir les uns avec les autres. C'est pourquoi il est si difficile pour les gens de comprendre ce qui se passe en termes de mondialisation : car nous avons un principe d'administration à l'échelle mondiale, mais nous n'avons ni champ politique, ni principe de souveraineté uniques. La « guerre contre le terrorisme » a essayé de créer quelque chose comme ça, mais ça a clairement échoué.

Prenons le mouvement altermondialiste, qui fut mon premier mode d'engagement dans des mouvements sociaux anarchistes... Pourquoi, nous a-t-on toujours demandé, un anarchiste serait-il opposé à la mondialisation ? Eh bien, nous n'étions pas opposés à la mondialisation, bien sûr, mais à la mondialisation capitaliste ; mais même si vous expliquiez cela, on rétorquait : « Eh bien, si vous êtes contre les marchés mondialisés, cela ne veut-il pas dire que vous êtes pro-État ? Vous plaidez pour le rétablissement de la souveraineté nationale. Comment un anarchiste peut-il faire cela ? »

Mais là où nos contradicteurs voyaient des « marchés mondialisés », ce que nous avions était un système administratif mondial – composé d'institutions comme le FMI, la Banque mondiale, l'OMC, mais aussi des sociétés transnationales, des banques, des ONG, des agences de notation de crédit –, qui se rejoignaient en quelque chose qui ressemblait à un État mondial. Les marchés ne se font pas tout seuls. Vous avez besoin de toutes sortes de bureaucraties pour les créer et les faire fonctionner.

Amérique, 1 :
ni une démocratie ni destinée à l'être

MBK : Pour moi, l'anarchie pose la question de l'alternative entre liberté sans égalité et égalité sans liberté. Tu dis : « aux États-Unis, nous avons tellement de lois », c'est un pays fanatique de l'aspect juridique des choses. Il y a tellement de séries télévisées sur les avocats et les flics... Il y a une vaste schizophrénie de gens qui se considèrent anti-impérialistes et se gavent de séries comme NCIS ou Law and Order, ce qui témoigne de l'efficacité de la propagande américaine dans le monde... Comment expliques-tu, malgré ce fanatisme de la loi, que les tentatives d'alternative politique les plus radicales aux Etats-Unis aient été le fait d'anarchistes, non de communistes ?

DG : Ça a à voir avec la contradiction de l'idée de démocratie aux États-Unis. D'une part, on dit toujours aux Américains qu'ils sont la plus grande démocratie du monde, et je pense que la plupart ont un certain esprit démocratique, au moins en ce sens qu'ils n'aiment pas être gouvernés et pensent que les gens devraient se gouverner eux-mêmes, même s'ils ne savent pas ce que cela peut bien signifier au juste. Pourtant, ils apprennent aussi à idéaliser l'ordre juridique et la Constitution, ce qui crée une énorme contradiction. Si vous voulez agacer un penseur politique américain conventionnel, c'est assez simple : il suffit de souligner qu'il n'y a aucun endroit dans la Déclaration d'indépendance ou dans la Constitution qui dise quoi que ce soit du fait que les États-Unis sont une démocratie. Les personnes qui ont rédigé ces documents étaient fermement opposées à la démocratie et l'ont toujours dit. En fait, le tout premier discours prononcé lors de la Convention constitutionnelle a explicitement dit : « Nous avons un problème, il y a un risque d'éclatement de la démocratie dans ce pays. » La Constitution était donc explicitement anti-démocratique. Il faut se rappeler qu'à cette époque, les mots « démocratie » et « anarchie » étaient utilisés de manière presque interchangeable, ils étaient tous les deux des termes d'abus pour les personnes qui croyaient en « la règle de la foule », appelée aussi « mobilité ».

ATZ : Ah ! C'est très drôle. Quand on pense que la plus grande crainte du système actuel est une sorte de...

DG : Démocratie, oui.

ATZ : Je veux dire : la « mobilité » ascendante étant la promesse non tenue de la démocratie, la poétique de la chose s'avère vraiment drôle.

DG : Il y a la lettre brillante de l'un des premiers patriotes, Gouverneur Morris (Gouverneur était en fait son prénom), qui était à l'époque le premier propriétaire terrien de New York. Ils en avaient appelé à la « mobilité », la foule, contre les autorités pour une raison ou une autre, mais après l'émeute, les émeutiers sont restés et cela s'est transformé en un débat sur ce que devait être la constitution d'une Amérique indépendante : si elle était du type République romaine ou du type démocratie athénienne ? Les gens citaient Polybe et plaidaient en faveur d'un système ascendant. Morris était horrifié. « La foule », écrit-il, « commence à penser et à raisonner ! » La suppression de l'éducation n'était évidemment pas une option viable. Alors il a commencé à conclure que la domination britannique n'était après tout pas une si mauvaise chose.

Des assemblées populaires ont émergé pendant la révolution, mais elles ont fini par être supprimées, comme les soviets. Pourtant, il existe une sorte d'idéal ou d'aspiration populaire, très rarement réalisé dans la pratique, qui persiste en Amérique. C'est pourquoi, même si « démocratie » était largement utilisé comme terme d'abus, c'était un terme attractif. Mais les pères fondateurs, comme on les appelle, étaient très clairs sur le fait qu'ils voulaient avoir Rome pour modèle, et pas Athènes. C'est pourquoi il y a un Sénat en Amérique.

MBK : Je ne savais pas tout ça.

DG : L'idée était celle d'une « constitution mixte », comme Polybe l'avait proclamée pour Rome et Carthage : l'Exécutif représentait le principe monarchique, le Sénat, le principe oligarchique, et le Congrès, le principe démocratique – même s'il se limitait à lever et disposer des fonds publics.

Cependant, même si l'Amérique s'est érigée en république et non en démocratie, dans les années 1830 Andrew Jackson s'est présenté comme « démocrate » et a gagné. Tout le monde a dès lors rebaptisé la république démocratie. Ces institutions conçues pour supprimer la démocratie ont donc été rebaptisées « démocratie » et les gens vivent depuis dans cette contradiction : la démocratie est à la fois l'idéal de participation des gens à la prise de décisions affectant leur propre vie, et un ensemble d'institutions conçues pour rendre cela aussi difficile que possible. Tous les mouvements sociaux américains se débrouillent avec cette tension.

ND : L'Union soviétique a été appelée « soviétique » parce que cela signifie littéralement « conseil », au sens des assemblées populaires ; un an après la révolution, ces conseils ont été démantelés et ils n'ont laissé que le nom. Ces deux pays sont si similaires…

DG : Absolument. En fait, la question que je trouve intéressante c'est : pourquoi les gens aiment tellement l'idée de la démocratie lors même que presque personne n'ait rien dit de bon à ce sujet ! Qu'est-ce qu'ils y ont vu de souhaitable ?

ATZ : Et donc ?

DG : Nous sommes ici pour essayer de le comprendre.

Amérique, 2 : la critique indigène & la liberté fonctionne bien mais c'est une idée terrible & Lewis Henry Morgan invente l'anthropologie parce qu'il est nostalgique & les Américains sont des fanatiques légalistes à cause de leur relation brisée à la terre qu'ils ont volée

DG : Eh bien, beaucoup de facteurs jouent dans le cas américain. L'un est clairement l'influence amérindienne, qui n'est pas reconnue mais est très forte depuis le début. Beaucoup de pères puritains étaient très en colère sur ce point et ont écrit à ce sujet dans les premières colonies : ils remarquaient que les parents risquaient de cesser de battre leurs enfants et se plaignaient de « l'indianisation » des colons adoptant lentement la manière indigène de faire les choses. Et, bien sûr, les sociétés autochtones fonctionnaient avec des assemblées générales et un processus de consensus.

Il y a quelques années, il y a eu un énorme débat universitaire et politique, baptisé « le débat d'influence », qui s'est concentré sur le fait de savoir si le système fédéral américain était au moins inspiré par la Confédération Haudenosaunee, la Grande Paix des Six Nations des Iroquois. L'accent mis sur la constitution n'était qu'une diversion, l'adoption de ces structures institutionnelles particulières faisait partie de l'adoption beaucoup plus large des idées autochtones de liberté et d'égalité.

Au-delà des colons, les penseurs des Lumières de retour en Europe étaient souvent assez explicites quant à la provenance de leurs idées. Quand David Wengrow et moi avons commencé à travailler ensemble, nous avons commencé à écrire un livre sur l'origine des inégalités sociales. Nous nous sommes vite rendu compte que c'était une idée stupide ; mieux valait se demander pourquoi nous pensions qu'il y avait quelque chose qui s'appelait l'inégalité et pourquoi nous pensions qu'elle avait une origine. J'ai donc commencé à enquêter sur les origines de la question des origines de l'inégalité sociale.

En fait, Rousseau a écrit son fameux texte pour un concours, proposé par l'Académie de Dijon, sur la question : « Quelle est l'origine de l'inégalité entre les hommes et est-ce en accord avec le droit naturel ? » C'est donc en 1752 en France, sous l'Ancien Régime. Dans ce contexte, on était à peine entrés dans une pièce qu'on savait qui exactement surclassait qui, les inégalités étaient partout. Alors pourquoi ont-ils supposé que l'inégalité avait une origine ? Au Moyen-Âge, on ne se posait pas la question : tout le monde « savait » qu'Adam surclassait Ève. J'ai trouvé une étude de la littérature médiévale qui révèle que des termes comme aequalis ou inaequalis n'étaient tout simplement jamais usités dans des contextes sociaux, il n'était tout simplement jamais venu à l'esprit de quiconque de formuler les choses en ces termes. « L'inégalité » n'est vraiment devenu un concept qu'au XVIe et XVIIe siècles, avec des idées venues du Nouveau Monde et des notions de droit naturel.

Vous voyez que le problème était que les juristes, en Espagne et ailleurs, n'avaient pas de cadre pour penser à des gens qui n'étaient ni chrétiens, ni infidèles – puisque les peuples du Nouveau Monde n'avaient d'évidence jamais été exposés aux idées chrétiennes. Alors, comment pourrait-il être justifié de leur faire la guerre ? C'étaient de graves problèmes ; Pizarro a presque eu des problèmes juridiques pour avoir tué le roi inca, ce que le roi d'Espagne n'a pas pris à la légère. La question est donc devenue : de quels droits disposent les êtres humains par le fait de leur humanité même ? Il leur a semblé que l'endroit le plus simple à observer pour ce faire étaient les sociétés les plus « simples », « l'humanité à l'état brut, », pour vérifier s'il y avait des droits universellement reconnus, sur lesquels tous les humains s'accorderaient ou du moins pensent qu'ils le devraient.

Une grande partie de ce qui suivra sera pure fantasmagorie, mais en aucun cas toute la base du problème. Ce qui s'est finalement produit, c'est une sorte de conversation prolongée, dans laquelle les perspectives autochtones ont souvent été prises très au sérieux. Si vous lisez les relations jésuites de la

Nouvelle-France et d'autres récits similaires, – qui ont été très largement lus par les familles de classe moyenne dans toute l'Europe –, vous trouvez qu'il s'agit d'une critique indigène assez cohérente de la société française, et, par extension, européenne ; mais les Mikmacs, les Algonquins, les Wendats [Hurons] ne parlent pas du tout d'égalité à l'origine. En fait, les jésuites non plus. Tout commence par un argument sur la liberté, puis sur l'entraide, et ne se transforme que progressivement en question de l'égalité.

La raison en est que jamais il ne viendrait à l'esprit des peuples autochtones que le fait d'avoir plus de richesses qu'un autre signifierait que vous ayez un pouvoir sur eux.

ATZ : Alors comment se fait-il que ça ne leur soit pas venu à l'esprit ?

DG : C'était tellement éloigné de leur propre expérience ! Les femmes d'une longue maison wendate pouvaient voir plus de maïs et de haricots stockés, un homme pouvait avoir plus de [wampum] et être considéré comme riche, et cela pourrait leur permettre de se sentir plus importants que d'autres dans certains contextes, sans les mettre pour autant dans une situation où ils pouvaient obliger n'importe qui à travailler pour eux. La société tout entière était organisée de telle manière que personne ne pouvait dire à personne de faire quelque chose qu'il ne voulait pas faire. C'était donc la critique originale : « qu'est-ce qui ne va pas chez vous ? Vous vivez dans la crainte constante de vos supérieurs ! Nous rions juste des nôtres, s'ils deviennent trop gros pour remplir leurs culottes. » Et aussi : « Vous ne vous occupez pas les uns des autres, vous êtes hyper compétitifs et parlez les uns des autres dans des conversations, mais laissez les gens mourir de faim. »

La lecture des relations jésuites provoque une certaine confusion intellectuelle, parce que nous sommes formés pour voir les observateurs européens comme étant « l'Occident », et donc « nous », et voir les Américains autochtones comme des étrangers, voire des Autres inconnaissables, alors que ce sont les indigènes qui emploient tous les arguments que nous utiliserions aujourd'hui – par exemple : pourquoi une femme ne devrait-elle pas décider de ce qu'elle veut faire de son propre corps ? Ou expliquer ce qui était déjà la théorie du rêve de Freud avant la lettre à des jésuites confus qui croyaient aux anges et aux démons et aux messages de Dieu. Mais c'est particulièrement frappant quand les jésuites commencent à parler de liberté. De nos jours, bien sûr, personne ne peut rien dire de mal au sujet de la liberté – du moins en principe. Mais la plupart des gens disent, eh bien la liberté absolue, l'anarchisme, ça ne fonctionnera jamais dans la pratique. Les jésuites avaient la position exactement opposée. Ils continuent d'écrire : « ce sont des gens vraiment libres, ils ne croient pas aux ordres et se moquent constamment de nous parce que nous suivons les ordres, ils n'ont pas de lois punitives... et vous pensiez que cela ne fonctionnerait pas, mais en fait cela marche très bien. Ils n'ont pas de lois punitives, juste une compensation, et pourtant il y a beaucoup moins de crimes chez eux que chez nous... »

Donc à l'inverse, cela fonctionne très bien en pratique mais c'est un très mauvais principe. Les jésuites insistent sur ce fait. Comment les gens vont-ils apprendre les dix commandements alors qu'ils ne disposent même pas d'un concept de commandement ?

Ces rapports ont cependant été avidement lus à l'époque, et les lecteurs sont parvenus à des conclusions très différentes entre elles. Finalement, certains libres-penseurs se sont rendus au Canada. Le personnage-clé ici est un certain baron Lahontan, un noble appauvri qui a rejoint l'armée et a été envoyé au Québec à dix-sept ans, et a finalement appris le huron et l'algonquien, et a insisté sur le fait que, puisque les Indiens étaient au courant de sa piètre opinion des jésuites, ils lui dirent aussi ce qu'ils pensaient réellement d'eux. Au moment où Lahontan est au Québec, dans les années 1680 et 1690, il y avait des villes comme Montréal et New York, et beaucoup d'Amérindiens les avaient vues, donc on pourrait dire qu'ils s'étaient construit une compréhension ethnographique de la société européenne dans le but de saisir où les différences de richesse pouvaient être converties en différences de pouvoir. C'est à ce moment et par ces gens-là que l'on commence à parler explicitement de l'égalité.

Donc, l'idée des sociétés amérindiennes en tant que sociétés des égaux émerge de la rencontre dialogique, comme point de contraste. Le personnage clé ici est un certain Kondiaronk, qui est essentiellement l'homme d'État wendat chargé de traiter avec les Français ; il parlait couramment français ainsi que sept autres langues, et tous les comptes-rendus le traitent comme étant le plus grand débatteur que l'on ait jamais vu. Même ses ennemis faisaient des kilomètres pour le voir parler, et apparemment le gouverneur a créé un petit salon à Montréal où ils discutaient de christianisme, de la loi et de la morale sexuelle... Ils débattaient pendant des heures, avec Kondiaronk prenant la position du rationaliste sceptique, finissant presque toujours par l'emporter. Lahontan a apparemment pris des notes. Plus tard, Lahontan a eu des ennuis et a fini par s'exiler à Amsterdam, alors il a écrit ces dialogues dans un livre qui est sorti, si je me souviens bien, en 1704. Il est devenu un énorme best-seller à travers l'Europe. Il y avait une pièce de théâtre basée sur lui qui est restée à l'affiche près de vingt ans à Paris. Et chaque penseur des Lumières en a fait une imitation, un rationaliste sceptique étranger se moquant de la société française : Voltaire avait un semi-Huron, Diderot avait un Polynésien, etc.

Kondiaronk a donc été le premier à plaider systématiquement en faveur de l'égalité sociale, dans une perspective rationaliste. Il a soutenu que les institutions de droit répressif, à la fois la justice religieuse et la justice punitive, ne sont rendues nécessaires que par l'existence d'autres institutions, comme l'argent, qui nous encouragent à adopter exactement le type de comportement que ces institutions sont censées réprimer. Si vous éliminez la première, vous n'avez aucun besoin de la seconde.

MBK : Qu'en conclure à propos de ce fanatisme légaliste des Etats-Unis ?

DG : Je pense que c'est lié à la même histoire. Kondiaronk aimait prétendre que le Wendat n'avait pas de lois du tout, mais il pensait essentiellement à la loi punitive ; sauf qu'en un sens, de nombreux ordres sociaux indigènes étaient essentiellement des accords, comme les diverses confédérations, et donc des créations de droit positif. Cela aussi a eu un impact sur la pensée des Lumières. En 1725, la nation osage – qui considérait sa société comme créée par une série de ce que nous appellerions aujourd'hui des conventions constitutionnelles – envoya une délégation à Paris que, apparemment, Montesquieu rencontra (c'est à leur sujet qu'il écrit dans De l'esprit des lois), et évidemment cela a collé avec des histoires classiques sur Solon et Lycurgue, et longtemps avant, vous avez cette théorie selon laquelle les nations sont créées par de grands législateurs... une idée qui est ensuite adoptée par les révolutionnaires coloniaux américains, avec pour résultat que les Etats-Unis sont peut-être la seule nation au monde qui ressemble plus ou moins à ce que Montesquieu avait imaginé, celle où le caractère d'une nation est créé par ses lois.

Un anthropologue du nom de David Schneider a écrit un livre intitulé American Kinship, où il a souligné qu'il existe deux catégories de parents en anglais américain. Vous avez des parents et des beaux-parents de sang. Tout ce qui n'est pas de la famille immédiate est une relation juridique. Cette relation entre le sang et la loi est essentiellement la cosmologie américaine, et, à certains égards, c'est juste une transcription des catégories européennes, mais c'est aussi très différent car vous n'avez pas la même relation entre le sang et le sol. Personne ne va à Bunker Hill, sans parler de Little Big Horn, pour dire : « c'est là que nos ancêtres sont morts pour que cette terre soit éternellement la nôtre. » Au lieu de cela, il y a un vague sentiment de culpabilité historique.

En fait, l'anthropologie américaine est le fruit de cet inconfort même. Lewis Henry Morgan, qui devint le premier anthropologue professionnel en Amérique, faisait à l'origine partie d'un groupe d'étudiants en droit de New York qui avait cette idée folle de réinventer la Ligue des Iroquois. C'était dans les années 1830, lorsque le nationalisme romantique balayait l'Europe, et où beaucoup d'Américains se sentaient particulièrement exclus : « notre paysage devrait être aussi plein d'histoires, de guerres et de romans épiques, de prouesses héroïques, et c'était le cas auparavant, mais maintenant nous n'avons aucun moyen de savoir ce qu'ils étaient car nous avons tué tous ces gens. » Ils reconstruisaient en fait le rituel des Six Nations, organisaient des cérémonies d'initiation où l'esprit des Indiens morts les maudissait de les avoir détruits, puis transmettaient leurs connaissances pour qu'au moins quelqu'un les poursuive… Eh bien, un jour, Morgan était dans la capitale de l'État, Albany, dans une librairie d'occasion à la recherche de vieux textes sur la négociation du traité iroquois, pour l'aider à reconstruire le rituel de la Ligue, et il y a ce jeune homme qui recherche le même livre et à qui il demande : « oh, mais pourquoi ça t'intéresse ? » Et l'homme répond : « Je m'appelle Ely Parker, je suis un sachem de Seneca. Quelle est votre histoire ? » Et Morgan a effectivement dit : « comment, vous n'êtes pas tous morts ? »

Telle fut la naissance de l'anthropologie américaine.

Il est significatif que les garçons qui tentaient de reconstruire la Ligue des Iroquois aient tous été des avocats. Ils ont parlé d'une perte de connexion avec la terre, mais ils devaient être conscients aussi que l'Amérique elle-même est née d'un grand crime, peut-être le plus grand crime de l'histoire – la destruction génocidaire d'innombrables sociétés humaines, le vol de tout un continent. Mais en même temps, les Américains en sont venus à s'identifier aux personnes mêmes qu'ils ont détruites, pour leur ressembler de manière significative. Les « Indiens » ont toujours été un symbole de liberté : le tout premier acte de la Révolution américaine, le Boston Tea Party, où ils ont jeté le thé britannique dans le port en refusant de payer les impôts afférents, ils sont tous déguisés en « Indiens ». Vous vous déguisez en Indiens lorsque vous enfreignez la loi. Mais en même temps, vous insistez désespérément sur le fait que seule la loi vous unit en tant que peuple libre.

ATZ : Donc : le fétichisme légaliste comme moyen de renoncer et de nier une relation brisée avec la terre ?

DG : Oui. Et on soutient souvent que c'est pour ça qu'il y a cette identification étrangement irrationnelle des Américains avec Israël. Du pareil au même.

Permettez-moi cependant de finir ce que j'avais commencé au sujet des Lumières. L'obsession de l'égalité devient un thème dans la pensée des Lumières ; pratiquement chaque philosophe (enfin, sauf Rousseau) écrit au moins un essai imaginant la société européenne du point de vue d'un étranger naïf, et, généralement, quelqu'un qu'on présume venir d'une société plus égalitaire. D'une certaine manière, le Western gaze, ce rationaliste sceptique se grattant la tête devant les particularités des coutumes locales, n'est pas du tout européen à l'origine, c'est le regard d'un étranger imaginaire sur l'Europe. Tout cela est récapitulé dans le livre d'une salonnarde nommé Madame de Graffigny. Elle a écrit un livre intitulé Lettres péruviennes du point de vue imaginaire d'une princesse inca kidnappée. Il sort en 1748 et sera souvent considéré au siècle suivant comme le premier livre à proposer l'idée de l'État-providence, ou même du socialisme d'État (mais il est aussi retenu comme étant le premier roman avec une protagoniste féminine où, à la fin, l'héroïne ni ne se marie ni ne meurt). À un moment, la princesse inca dit : « pourquoi ne font-ils pas simplement comme nous faisons, et ne redistribuent-ils pas simplement les richesses ? ... »

Quelques années plus tard, juste au moment où l'Académie de Dijon annonce son concours sur l'origine des inégalités sociales, elle travaille sur une seconde édition, et envoie une copie à son ami Turgot, demandant : mes éditeurs me disent que je dois le changer un peu çà et là, qu'en pensez-vous ? Nous avons sa réponse, qui dit en substance : « Eh bien je ne sais pas, toutes ces idées sur la liberté et l'égalité sont très attrayantes, mais je pense que vous devriez faire comprendre à votre personnage qu'il y a des étapes dans la civilisation. La liberté et l'égalité pourraient convenir à une société où la division du travail est relativement peu développée, comme les chasseurs ou même vos agriculteurs andins, dans notre propre civilisation commerciale sophistiquée (notez qu'on est en 1750, donc l'auteur ne prononce pas le mot « industrielle »), notre prospérité dépend du fait de renoncer à la plupart de ces éléments. »

Donc : Turgot lance l'idée d'étapes dans la civilisation, qu'Adam Smith ne fera que reprendre un an ou deux plus tard ! Pour moi, c'est le pistolet fumant, pour ainsi dire. L'idée d'évolution sociale est une réponse directe à la critique indigène de la société européenne. Et Rousseau est assez ingénieux ici, parce ce qu'il fait c'est une synthèse entre les deux, il accepte la critique indigène et la fusionne avec la notion de stades de développement, et on pourrait dire que, ce faisant, il invente effectivement ce que nous sommes venus à considérer comme une pensée de gauche.

Nous commençons donc par la critique indigène du manque de liberté dans la société européenne, qui finit par devenir un argument sur l'égalité, qui à son tour inspire le débat entre les proto-gauchistes comme Diderot et les proto-droitiers comme Turgot, lesquels inventent foncièrement l'idée d'évolution, c'est-à-dire que vous pouvez classer les gens comme chasseurs, éleveurs, agriculteurs, etc., et cela détermine les contours les plus larges de leur société... en grande partie comme un moyen, pour ainsi dire, de remettre le chat dans le sac. Rousseau essaie de choquer tout le monde mais en fait, il arrive vraiment à un compromis intelligent. Jusqu'ici tout va bien. Rousseau s'est attiré beaucoup d'injures, en particulier des cercles de droite, et la plupart sont imméritées ; mais je pense que Rousseau nous a laissé un héritage particulièrement toxique. Pas l'idée de « bon sauvage » ; car en réalité Rousseau n'a jamais soutenu que les sauvages étaient bons. Mais plus l'idée du sauvage stupide, l'idée que les gens des sociétés libres étaient heureux parce qu'ils étaient stupides, et, insista Rousseau, manquant cruellement d'imagination. Il est vraiment remarquable de souligner le contraste avec les premiers récits jésuites, sans parler des descriptions de gens comme Kondiaronk, où les observateurs français se plaignent de ce que ces gens, qui n'avaient même jamais entendu parler de Varron ou Quintilien, pouvaient venir essuyer le sol avec eux dans un débat.

Cette idée du sauvage stupide est l'héritage vraiment désastreux de Rousseau, et elle nous hante depuis. Cela atteint le point où des gens écrivent des livres comme Les Origines de la conscience, en faisant valoir que les peuples « primitifs » ou les personnages homériques n'étaient pas même complètement éveillés, existaient dans une sorte de brume semi-consciente, incapables de réflexion... Eh bien ma foi, tout le monde erre encore, la plupart du temps, dans une brume semi-consciente, comme je le soulignais moi-même plus tôt, nous l'avons toujours fait et le ferons probablement toujours. Mais au moins la plupart des gens dans l'histoire ont-ils été conscients du fait que les humains sont principalement conscients quand ils parlent aux autres, c'est pourquoi ils ont développé tous ces modes de pensées essentiellement dialogiques.

C'est finalement à cause de Rousseau, je pense, que nous sommes passés de la conscience de soi comme accomplissement personnel, à la conscience de soi comme accomplissement historique et collectif, même si ambivalent.

Bien sûr, il s'est véhiculé l'idée que la conscience de soi collective n'est devenue possible qu'à l'époque de Rousseau lui-même. C'est même quelque chose que j'avais tenu pour acquis toute ma vie : ce n'est qu'au XVIIe siècle que les gens ont commencé à proposer des visions révolutionnaires comme légitimes à part entière. Avant cela, j'avais toujours supposé

– et l'histoire que j'avais lue me le confirmait – que si vous vouliez vous révolter contre l'oppresseur et proposer un nouveau modèle de société, soit vous deviez affirmer que vous tentiez vraiment de restaurer des « voies anciennes » qui avaient été corrompues, soit que vous aviez une vision de Dieu. Ce que les Lumières ont supposément introduit, c'est l'idée que vous pourriez simplement proposer une manière plus raisonnable d'organiser les choses, puis d'essayer de la réaliser, sans raison autre que le fait que ce soit plus intelligent. En fait, ce n'était pas vrai du tout, comme mes remarques sur les Osages et Lycurgue le montrent très clairement. L'idée de donner du pouvoir à l'imagination, pour ainsi dire, n'a pas été inventée par Rousseau ! Au contraire, ce qu'il a réellement fait, c'est de nous convaincre que les « peuples non occidentaux », comme on les appelait alors, étaient incapables d'imaginer quoi que ce soit.

ATZ : Ça me fait penser à ce texte que tu as écrit : « La culture comme refus créatif : politiques héroïques et antihéroïques ».

DG : Oui, tu vois où je voulais en venir. Oui. J'ai toujours été intrigué par le fait que ce que nous appelons des « cultures » pouvaient tout aussi bien être des mouvements sociaux qui ont réellement réussi. En d'autres termes : non, nous n'avons pas à discuter indéfiniment de Kronstadt pour le reste de l'histoire, nous avons d'innombrables exemples de révolutions réussies sous nos yeux.

Avec de grandes responsabilités viennent des intellectuels à la langue précaire

ATZ : C'est impressionnant. Dans un de tes livres, David, j'ai relevé une tournure de phrase particulière où tu dis : « Clastres et Mauss laissent voir ceci ou cela » – qu'ils permettent de voir quelque chose. Ça m'a frappé comme une merveilleuse manière de formuler ce que les écrivains font quand ils le font bien : ils vous rappellent quelque chose que vous savez déjà.

MBK : Reiner Schürmann dit qu'il y a deux types de philosophes : ce qui font voir l'Autre du visible, comme Platon avec les idées derrière les choses, et ceux qui font voir différemment le visible.

DG : Et qui serait un exemple du second type ?

MBK : Toi !

DG : Ah, bon bah d'accord.

MBK : Actuellement, je me nourris plus du travail d'anthropologues, que ce soit David Graeber ou Jared Diamond, que de philosophes professionnels. Pourtant, pour des raisons de politiques internes à l'académie, se présenter comme anthropologue semble être quasiment une insulte, non ?

ATZ : Est-ce que tu penses que ça a à voir avec la relation entre anthropologie et économie ?

DG : Ce serait certainement une interprétation flatteuse. « Nous sommes la plus grande menace pour la discipline hégémonique de notre temps, parce que nous démontrons que ses principes universels de comportement humain n'ont aucun pouvoir prédictif, à moins que vous n'ayez affaire à des personnes ayant grandi dans des contextes institutionnels entièrement façonnés par les enseignements de l'économie. Nous devrions être neutralisés. » En fait, c'est une interprétation tellement flatteuse que j'ai presque peur de l'adopter. Dans les années 1980, lorsque le premier mouvement pour neutraliser l'anthropologie a commencé (en grande partie à l'intérieur de la discipline elle-même), il ne semblait certes pas en aller ainsi.

Ce qui s'est passé en anthropologie (je parle bien sûr du monde anglophone et en particulier américain), c'est qu'il y a eu une sorte d'auto-questionnement dans les années 1980, un « moment postmoderne » comme les anthropologues l'appelaient. Cela a à voir avec le fait que l'anthropologie américaine a toujours été très textuelle, ils ont en quelque sorte redécouvert l'herméneutique des années 1950 et 1960.

L'anthropologie américaine vient en grande partie de la tradition allemande, tandis que l'anthropologie britannique s'appuie sur les Français : Durkheim et Lévi-Strauss. En Amérique ce fut d'abord Boas, un allemand, qui a en quelque sorte établi l'anthropologie culturelle, la culture étant bien sûr un concept allemand.

Norbert Elias a fait valoir que la raison pour laquelle la France a amené le concept de « civilisation » au XVIIIe siècle et les Allemands celui de « culture », tient essentiellement aux positions respectives de la classe moyenne dans ces deux pays. En France, la bourgeoisie émergente a été incorporée à la structure de l'État et de l'aristocratie, et elle était politiquement et économiquement active, vous avez donc cette conception expansive de la civilisation, y compris tout ce qui peut être amélioré dans la vie humaine, de la technologie aux manières à table, et, bien sûr, les salons sans fin et les forums de débat. Donc, le style de la prose reflétait cela, il était plein d'esprit mais transparent et conversationnel. Pendant ce temps, en Allemagne, vous avez des dizaines de minuscules principautés, dans laquelle l'aristocratie parle français, et les classes professionnelles sont congelées hors de la politique, elles ne se rencontrent presque jamais, donc tout ce qu'elles ont en commun est une langue et une littérature partagées. Tout est transmis à travers des textes. L'unité nationale devait se créer dans l'imaginaire, à la fois comme projet collectif et comme sorte de structure de sentiment partagé... Et, bien sûr, la philosophie allemande propose des théories d'action sans fin, et des théories de textes comme formes d'action...

Il peut sembler étrange que l'anthropologie américaine en soit venue à adopter cette tradition, attendu que la classe moyenne américaine se positionne beaucoup plus comme la française, mais, bien sûr, l'anthropologie américaine ne concerne pas les gens de la classe moyenne, il s'agit principalement de comprendre les survivants indigènes du génocide. Donc, dans de nombreux cas, les textes sont tout ce que vous avez. Après la Seconde Guerre mondiale, il y a une sorte de seconde vague de théorie allemande qui frappe l'académie américaine : Schleiermacher,

Dilthey, Weber. Weber est promu comme la réponse du monde libre à Marx. En anthropologie, le grand imprésario de tout cela est ce personnage nommé Clifford Geertz, un archétype libéral de la guerre froide, – son travail de terrain original à Java et à Bali a été littéralement financé par la CIA –, qui invente la notion de « culture comme texte ». Il a une énorme influence. Mais on ne sait jamais exactement ce qu'elle signifie.

À partir du moment où vous proposez qu'un combat de coqs balinais ou un conflit de performance ou d'héritage soit considéré comme un « texte », une « histoire qu'ils racontent d'eux-mêmes à eux-mêmes », comme le dit Geertz, la question est de savoir qui est exactement le « ils » auquel il est fait référence. Les Balinais ? La culture balinaise ? Dans la tradition herméneutique, l'auteur est toujours une sorte d'abstraction créée par le lecteur, donc ce n'est pas un problème, mais quand vous créez « Shakespeare » dans votre esprit en lisant Hamlet, la signification d'un texte est le projet d'un auteur qui réunit toutes les pièces… D'accord, mais vous ne pouvez pas traiter la « culture balinaise » comme un auteur dans ce sens, la culture balinaise n'a pas un seul projet, ça ne veut rien dire, – pour les Balinais au moins, cela signifie : tout ce qui est possible. La solution la plus simple consiste donc à dire que la culture balinaise n'existe pas du tout, que c'est juste quelque chose que l'auteur a inventé. Il n'y a pas d'« auteur », ou plutôt, c'est l'ethnographe qui prend le crayon, dessine un cercle autour d'une totalité imaginaire, et affirme que l'entité hypostasiée qu'il vient juste d'inventer est d'une manière ou d'une autre auteure du texte.

Maintenant, dans les années 1960 et 1970, il commença à y avoir une critique interne de l'anthropologie, à partir de l'enchevêtrement interne de la discipline avec le colonialisme, le racisme, l'empire... une grande partie de celle-ci était formulée en termes marxistes et féministes. Mais à partir des années 1980, alors que les troubles s'éteignaient sur les campus, tout s'est concentré dans l'obsession de démasquer la relation de pouvoir qui était à l'origine de la création de l'autorité des textes ethnographiques. Il s'agit d'un projet tout à fait légitime bien sûr, mais il a été fortement limité. La critique littéraire a été déployée comme un outil déconstructif ostensiblement radical mais ensuite, d'une manière ou d'une autre, elle n'a été appliquée qu'à une étape de la construction des textes ethnographiques – le moment où l'anthropologue est sur le terrain, et où il a tout le pouvoir. Donc, si je suis à Madagascar, en tant que riche blanc, eh bien, on analyse bien ce qui se passe alors ; mais que se passe-t-il si je retourne aux États-Unis et que je suis un étudiant diplômé appauvri avec les dents qui tombent parce que je ne suis pas d'origine bourgeoise comme je suis censé l'être, que je ne peux pas me payer de soins dentaires malgré mes deux emplois, que je suis terrifié à l'idée de dire quelque chose de mal, que mes conseillers ne m'écriront pas une bonne lettre de recommandation et donc que je puisse être un affamé pour le restant de ma vie ? C'est-à-dire, ce qui se passe au moment où j'écris réellement le texte – cela ne va jamais être discuté. Il n'y a pas de critique étendue de la structure du monde universitaire.

Je pense que cela a eu des effets incroyablement pervers. Quand ils enseignent l'anthropologie à présent, ils donnent l'impression que nous étions tous une bande d'impérialistes racistes maléfiques, puis peut-être, dans les années 1970 ou 1980, nous nous sommes tous soudain réveillés. En fait, si vous regardez les choses d'un point de vue institutionnel, il serait très facile de dire exactement le contraire. Dans les années 1960, il y a eu un énorme scandale, le Projet Camelot, quand ils ont découvert que les anthropologues étaient utilisés par la CIA et le Pentagone au Chili ou au Vietnam. Après un an ou deux de débats, l'AAA (l'Association américaine pour l'anthropologie) a interdit de telles collaborations. En 2001, il y a eu un scandale similaire. Ils ont découvert que l'armée américaine utilisait des anthropologues dans le cadre de l'occupation de l'Afghanistan ou de l'Irak, c'est-à-dire pour une entreprise coloniale au sens le plus plein du terme. Eh bien figurez-vous qu'il a fallu des années avant que qui que ce soit ne se remue à ce sujet. Donc, malgré les autocritiques sans fin sur l'héritage colonial de l'anthropologie, la discipline s'est en fait trouvée moins disposée à agir contre le colonialisme que dans les années 1960 ! Pourquoi ? Eh bien, dans les années 1960, il était facile d'amener les gens à adopter une position morale parce qu'il y avait beaucoup d'emplois et de sécurité de l'emploi. Dans les années 2000, vous avez ces armées de professeurs auxiliaires marginalisés et décontractés qui tentent désespérément de s'accrocher, se voyant payer des milliers de cours sans le moindre avantage. Donc, si l'armée se présente et dit : « Hé, je vais vous donner 100 000 dollars pour vendre votre âme. En plus, vous sauverez quelques vies car nous sommes des idiots et si vous nous donnez des conseils de bon sens, cela nous conduira

presque certainement à tuer moins d'innocents ! »,
eh bien, certains d'entre eux vont accepter l'offre.
Mais ce sont exactement ces problèmes que les critiques postmodernes n'ont pas abordés : l'application des techniques de gestion d'entreprise et de
formes extrêmes d'exploitation sur les campus des
années 1980, par exemple.

ATZ : C'est fascinant et horrifiant.

DG : N'est-ce pas ? L'autre point que les gens ne sou-
lèvent pas souvent, c'est que vers les années 1980,
quand vous avez cette critique de l'anthropologie, c'est que la critique des formes coloniales de la
connaissance rendait très difficile d'ignorer la vie
intellectuelle du reste du monde. Mais il y avait trop
de vie intellectuelle dans le reste du monde !
Permettez-moi d'expliquer ce que j'entends par là.
Mettons que je sois dans les années 1960 ou 1970
et que je veuille écrire une histoire du concept
d'« amour » ou de l'« amitié » ou de la « religion ». Eh
bien, il est toujours considéré comme recevable de
s'en tenir au canon occidental : commencer par les
poètes lyriques grecs ou Platon, puis peut-être passer
par les troubadours et le Marquis de Sade jusqu'à,
je ne sais pas, Gilles Deleuze ou Giorgio Agamben.
Ou peut-être, si je suis vraiment aventureux, je pren-
drai une tribu amazonienne au hasard, et la laisserai
représenter toute l'humanité non occidentale, puis
je passerai à Platon.
Mais, avec le temps, cela devient plus difficile à
justifier. Pouvez-vous vraiment ignorer l'expérience
de chaque tradition littéraire et philosophique, la
Chine, l'Inde, l'Amérique Latine ? À mon avis, cela

a tourné à la véritable crise, car il y a tellement de traditions intellectuelles que personne ne peut tout savoir. Et il y a crise à partir du moment où vous demandez, par exemple : eh bien, pourquoi s'en tenir aux traditions écrites ? Il y a des idées maories ou bemba ou onondaga sur l'amour et l'amitié qui sont tout aussi sophistiquées. Toutes ces choses ont été terriblement chargées d'émotion en Amérique. D'une part parce que tout le monde est hyper-sensible à la possibilité d'être accusé de racisme. Mais, d'autre part, la perspective que tout le monde puisse se familiariser avec l'anthropologie était tout simplement trop intimidante. La seule solution était de rejeter complètement la discipline, de dire effectivement : ce n'est pas raciste d'ignorer l'anthropologie parce que l'anthropologie elle-même est raciste ! Tous ces textes ne sont pas des formes de connaissance mais des formes d'impérialisme.

Politiquement, je pense que cela a constitué un désastre. L'effet ultime a été de limiter les radicaux à des petits tirs à l'encontre de la soi-disant « tradition occidentale », tout en sapant le sentiment qu'il pourrait y avoir une possibilité sociale au-delà. Le vrai potentiel radical de l'anthropologie, pour moi du moins, a toujours été de nous obliger à voir dans les humains beaucoup plus que ce que nous avions été encouragés à imaginer. Je trouve donc que l'attaque de l'anthropologie est à bien des égards une politique réactionnaire déguisée en radicalisme. C'est également tout à fait similaire au puritanisme qui imprègne une grande partie de la vie intellectuelle américaine : celle où la politique est une lutte effrénée pour la domination, en essayant de prouver qu'on se méprise soi-même plus que quiconque.

Si vous imaginez toutes les possibilités sociales que l'anthropologie a recueillies au fil des ans, non pas comme une ressource qui appartient à toute l'humanité, mais comme une sorte de secret coupable, – eh bien, mon sale petit secret est toujours mon sale petit secret, et il est toujours secret, n'est-ce pas ? C'est une façon de garder la possession du savoir par abnégation.

Il y a cent ans, voire cinquante ans, les principaux termes théoriques de l'anthropologie étaient tirés des sujets étudiés : totem, tabou, mana, potlatch, etc. À ce moment-là, les philosophes étaient très intéressés par l'anthropologie, que ce soit le Totem et tabou de Freud ou les remarques de Wittgenstein sur Frazer ou Sartre ou Bataille sur le potlatch… Mais il en était de même pour les lecteurs non universitaires. En Amérique, si les ventes de garage disent quelque chose, il semble que chaque famille qui avait des livres disposait d'un exemplaire de L'Arbre de la culture de Lindon, ou d'un ouvrage de Ruth Benedict ou Margaret Mead qui traînait. De nos jours, les anthropologues tirent tous leurs termes théoriques de la philosophie continentale et personne ne s'en soucie. Pourquoi s'en soucier ? Si vous voulez savoir ce que pensent Deleuze ou Agamben, vous n'avez qu'à lire l'original.

MBK : Comment situes-tu la question de l'engagement politique en anthropologie ?

DG : Eh bien, je ne suis pas sûr qu'il n'y ait qu'une réponse à cela.

Il y a quinze ans, dans Pour une anthropologie anarchiste, j'ai écrit que l'anthropologie a construit comme un recueil des possibilités humaines, qui comporte une certaine responsabilité. Je le pense toujours. Les militants engagés dans des mouvements sociaux, animés par un désir de changer la société, ont tendance à être fascinés par l'anthropologie. Pour la plupart, ils ne se soucient guère de ce qui se passe pour l'anthropologie politisée – du moins, ils ne sont pas intéressés par les réflexions « postmodernes » sur le propre pouvoir des anthropologues, qui est pour une grande part du narcissisme bourgeois –, mais ils sont très intéressés par le fait de découvrir le sens d'arrangements politiques, sociaux et économiques alternatifs. Donc je pense simplement que nous devons rendre ces informations disponibles. J'ai également suggéré d'utiliser les outils de l'ethnographie pour démêler certains principes tacites, la logique profonde qui sous-tend certaines formes d'action – l'action politique, en l'occurrence – et les proposer à neuf, comme une sorte de cadeau. C'est dans ce domaine que les anthropologues sont les meilleurs, après tout. Par exemple, pour dire : « si on devait créer un système économique basé sur ce que vous semblez faire politiquement, ça pourrait ressembler à ça... »

L'anthropologie comme art

ATZ : Je vois un lien entre « l'anthropologie comme compendium de possibilités » et l'idée de Mehdi de « l'art comme compendium de démonstrations du Mal ». Il y a une tentative, du reste tout à fait réussie, de définir le discours universitaire comme une science et non comme un art, n'est-ce pas ? Mais dans ce sens, comme l'anthropologie et l'art tendent vers la même exposition de la possibilité, nous pouvons aborder les questions de la violence qu'elle engendre du fait de la position de son auteur sous un angle différent...

ND : Eh bien, l'art et l'anthropologie ont des projets similaires : ils prétendent tous deux aborder la particularité absolue pour comprendre son unicité et son intégrité, et, ce faisant, parler à l'universel, car tous deux visent à définir ce qui est finalement humain.

DG : Intéressant. Vous savez, Franz Boas a défini l'anthropologie comme une science, mais il l'a définie comme une science du particulier, semblable à la géographie. Un géologue ou un physicien, dit-il, ne s'intéresse qu'à une rivière ou un rocher particulier, car cela pourrait lui dire quelque chose sur les rivières ou les rochers en général, et, en cela, sur les lois universelles de la nature. Un géographe se soucie réellement de cette rivière ou de ce rocher, il veut comprendre un paysage particulier et comment il s'est produit, c'est pourquoi il introduit les lois de la géologie et de la physique. Encore une fois, le général n'a de valeur qu'en tant qu'il est au service du particulier. L'anthropologie, disait-il, est comme la géographie ; elle n'est pas tant intéressée à établir les lois universelles de la nature humaine qu'à comprendre une culture particulière, ou un rituel, ou une coutume...

Avait-il raison ? Je ne suis pas sûr. Mais son argument me vient à l'esprit à cause de la résonance qu'il y a avec la prise de décision par consensus. C'est-à-dire avec l'idéal féministe d'une éthique des soins, où, au lieu de partir de principes universels abstraits de la justice, vous commencez par vous souciez profondément d'un être humain (ou d'une relation ou d'une situation) unique et singulier, et n'amenez l'universel qu'en faisant cela. Nel Noddings soutient même que les relations de soin sont elles-mêmes un peu comme de l'art, en ce sens qu'elles sont fondées sur une sorte d'interaction ludique et créative avec la singularité de la personne dont vous vous occupez.

ND : Eh bien, l'esthétique ne concerne pas seulement le particulier. La beauté d'une équation est tout autant un phénomène esthétique. Il y a sans doute une dialectique à dégager de tout ceci…

DG : Oui, je suppose que ce doit être le cas.

ND : Pensez à tous les modernistes qui lisent de l'anthropologie, de l'archéologie, qui ont passé des années à étudier l'art de l'Afrique, de l'Asie, essayant de trouver les principes universels qui sous-tendent la création artistique. C'était le contraire de considérer chaque tradition culturelle comme étant une valeur unique en soi. Mais c'est aussi parce qu'il s'agissait principalement de révolutionnaires qui savaient que nous sommes dans un monde d'inégalités violentes où les cultures ne sont pas sur le même pied, vous ne pouvez pas simplement les décréter toutes égales pour faire disparaître le problème. Ils essaient donc de créer une humanité universelle à partir de fragments brisés. C'est la même chose avec la façon dont on traite les artistes individuels de nos jours. Chacun est traité comme s'il était un univers culturel à part entière – où les artistes sont censés être des univers, et s'ils ne le peuvent pas, ce sont des artistes ratés. C'est extraordinairement cruel.

DG : Il semble que nous retombions sur le même type de problème que celui de la culture en tant que texte ; si l'anthropologie est un art, qui est l'artiste, et quelles sont les implications politiques ?

ATZ : Oui, les mêmes questions s'appliquent, sans quoi ce ne serait pas un parallèle véritable ; mais leurs répercussions ne sont pas tout à fait les mêmes. Les implications politiques de l'identité de l'artiste font partie intégrante de la façon dont nous considérons une œuvre d'art, comme nous le ferions avec un texte anthropologique, mais personne n'a jamais pensé à annuler entièrement l'art parce que l'art est souvent raciste et fondé sur l'exploitation d'autrui. Plutôt que de laisser les « professionnels » être les seuls dépositaires de ces responsabilités, le contenu et la production de l'art sont problématisés par une communauté beaucoup plus large. Les défauts de l'art sont considérés comme symptomatiques des maux de toute la sphère sociale et bien sûr, cela a à voir avec la distribution de l'art au sein de cette même sphère sociale. Il devrait en être de même avec l'anthropologie mais pour cela il faudrait qu'elle soit mise à la disposition de tous comme un recueil de possibilités.

DG : Je suis tout à fait d'accord. Les romantiques allemands ont soutenu que tout le monde était un artiste mais que l'école, pour faire court, les dissuadait de s'exprimer en tant que tel. Certes, de nos jours, tout le monde est anthropologue, car la vie est un va-et-vient sans fin entre des univers culturels. La question est de savoir quels arts, quelles formes de vision anthropologique reçoivent une reconnaissance institutionnelle.

ND : Mais je pense qu'Assia surestime la mesure dans laquelle l'art se détache de nos jours des cercles « professionnels ». Vraiment, le monde de l'art est une réplique miniature des trois principes que David a présentés comme confluant dans notre vision de l'État : la violence, l'administration et le charisme. Il est conçu de façon à pouvoir simuler une liberté totale, mais organisé avec un tel soin que rien de ce que tu dis ou fais ne pourra avoir un réel effet de démocratisation.

Nous sommes tellement habitués à l'idée que l'art est et doit nécessairement être une institution élitiste qu'il nous est même difficile d'imaginer à quoi pourrait ressembler un monde de l'art démocratique. Celui qui aurait réellement pris au sérieux l'idéal romantique allemand que nous sommes tous naturellement des artistes. L'ironie est en fait qu'il y ait eu une tentative de le faire pendant la révolution russe. Tout le monde se souvient de la répression des Soviétiques. Personne ne semblait savoir qu'il y avait un mouvement d'art parallèle massif – et, au début, très réussi – appelé le Proletkoult, qui impliquait des centaines de milliers de personnes. On pourrait dire que l'objectif était d'éliminer les trois aspects de l'État : le culte charismatique des héros (culte de l'artiste), la violence de haut en bas (censure) et la bureaucratie (diplômes, licences) à la fois. C'était incroyablement populaire. L'organisateur, Alexander Bogdanov, est devenu la figure politique la plus populaire du pays – enfin, derrière Lénine. Mais à la fin, il a été interrompu exactement comme les Soviétiques : Lénine a évincé Bogdanov et a absorbé le mouvement dans le ministère de la Culture, le transformant en simple machine à propagande. Au lieu de permettre aux travailleurs de devenir artistes, les artistes ont été transformés en travailleurs sous contrôle bureaucratique.

DG : Et aujourd'hui on ne se souvient même pas que c'est arrivé. Je veux dire : si tu ne m'en avais pas parlé, je n'en aurais pas eu la moindre idée.

ND : Quand ça s'est produit, c'était énorme. Au début des années 1920, le Proletkoult comptait deux fois plus de personnes que le Parti communiste. Je me souviens avoir lu qu'à Tula, qui n'est pas du tout une grande ville, il y avait quelque chose comme cinquante groupes de théâtre autoorganisés différents. Le communisme devait être promulgué immédiatement, en tant qu'égalité d'accès au savoir et aux moyens non seulement de production, mais de créativité. C'était la vraie promesse de la révolution à mon sens. Après tout, l'URSS n'a jamais été défaite militairement, elle a été défaite culturellement. Je suis convaincue que si des initiatives comme le Proletkoult n'avaient pas été supprimées, nous aurions gagné la guerre froide.

Anthropologie et économie

DG : D'une certaine manière, anthropologie et économie sont des pôles opposés dans la relation entre
théorie et pratique. L'économie est la discipline qui
a le moins de mal avec l'idée que les gens prennent
un texte descriptif et l'utilisent comme un texte
prescriptif – parfois, ils ont même du mal à faire la
distinction. Alors que rien ne dérangerait plus un
anthropologue que d'écrire un livre sur un rituel,
Trobriand par exemple, puis revenir vingt ans plus
tard et découvrir que les Trobriandais l'utilisent
comme un livre pratique.

L'économie se considère elle-même comme une
science positive et prédictive, et bien qu'ils soient
en fait assez mauvais pour prévoir quoi que ce soit,
les économistes ont été des génies consommés de la
politique universitaire – il faudrait vraiment remonter au Moyen Âge pour voir une telle réussite des
universitaires dans l'institution – avec pour résultat
que, depuis les années 1980, quasiment n'importe
quelle personne qui dirige quelque chose devrait
au moins être familière des concepts économiques,
avec de préférence une formation formelle. Cela
vaut même pour les œuvres de bienfaisance ou les
magazines de gauche, tout ce qui peut sembler le
plus opposé à l'esprit de l'homo œconomicus. Pour
distribuer de l'argent, vous devez être formé à la philosophie selon laquelle tout le monde est égoïste et
gourmand.

Ce n'est probablement pas un hasard si j'ai été
formé à l'Université de Chicago et si maintenant je
suis à la London School of Economics. Toutes deux

sont connues pour avoir abrité de célèbres idéologues du libre marché (Hayek, Friedman...) et se consacrent désormais principalement à l'endoctrinement. Chacune a également un département d'anthropologie de renommée mondiale, qui joue presque un rôle de bouffon de cour pour se moquer de toutes les prémisses de la théorie économique. Mon directeur de thèse, Marshall Sahlins, a pleinement assumé ce rôle. Sahlins a soutenu que l'économie n'était pas seulement théologique en fin de compte, mais qu'elle émerge directement de la théologie chrétienne et partage les mêmes prémisses d'un monde déchu et où la condition humaine est faite de désirs infinis : les hypothèses économiques sur les ressources rares ou la maximisation des individus sont vraiment dans le droit fil de Saint Augustin.

ATZ : Oui, « la tristesse de la douceur ».[*]

DG : Exactement. Mais Sahlins est surtout connu pour *Âge de pierre, âge de l'abondance*. L'économie des sociétés primitives, d'une certaine manière tout son travail poursuit cette même idée de base que, par rapport à ce dont les chasseurs-cueilleurs estiment avoir besoin, ils ont beaucoup. Ils ne vivent pas dans une société de pénurie parce que leurs désirs se tiennent dans des paramètres facilement satisfaisables par leur environnement, avec la technologie dont ils disposent. D'une certain façon, il ne

---

[*]   Marshall Sahlins, « The Sadness of Sweetness: The Native Anthropology of Western Cosmology », in *Current Anthropology*, vol. 37, 3, 1996, p. 395–428.

fait que renverser la situation lorsqu'il parle de théologie : qu'est-ce qui nous fait sentir que l'environnement n'est pas adéquat ? Il s'agit vraiment de ce
que Mehdi appelle la pléonexie : la multiplication et
l'expansion sans fin des désirs.

Sahlins aime souligner que dans la plupart des
philosophies grecques, puis définitivement avec
la théologie chrétienne, tout cela reposait sur une
vision fondamentalement sombre de la condition
humaine. Pourquoi cherchons-nous du plaisir ?
Pourquoi ne sommes-nous jamais satisfaits ? Parce
que notre état naturel est misérable. Comme le dit
Épicure, le plaisir est notre façon d'oublier la douleur. Mais on suppose aussi que l'état fondamentalement défectueux de l'homme est la douleur et la
souffrance. Les bébés viennent au monde en hur-
lant. Parce que c'est un peu horrible ici-bas. Nous
cherchons donc du plaisir, mais il s'agit toujours
d'un répit temporaire. C'est une vision remarquablement déprimante du monde.

Liberté, 1 : ressources infinies

MBK : Dans la discussion sur le féminisme, nous
avons parlé d'incommensurabilité. Cette question
de l'incommensurabilité est le même problème
que celui du capitalisme : l'appropriation illimitée.
Nous savons tous (sauf Donald Trump, Nicolas Sar-
kozy et Alain Badiou) que les possibilités de la planète sont limitées. La question de la propriété privée
n'est donc plus seulement une question de justice,

mais une question de survie. Le fait, comme l'a dit Occupy Wall Street, que 1 % de la population possède 99 % des ressources, n'est pas simplement une question de justice distributive, mais de survie, de respiration.

ATZ : Là encore, une manière différente de voir les choses serait de considérer que ces ressources finies ne sont limitées que par notre manière de sélectionner ces « ressources » : les décisions que nous avons prises quant à ce qui alimentera notre système. Je pense que c'est à l'image de beaucoup de choses.

ND : Oui, car le soin est une ressource illimitée. Ou la philosophie.

ATZ : Oui, ou la connaissance ! Le plus vous en « dépensez » en la partageant, le plus il y en a !

DG : La même chose est vraie pour la liberté, si vous la définissez correctement.

ATZ : Exactement. Nous nous trouvons dans cette crise à cause de la façon dont nous avons sélectionné les ressources dont dépendrait la réalité : des ressources finies.

DG : Deux réflexions me viennent ici. La première touche exactement à ce point : ce que j'aimerais vraiment, ce serait de supprimer complètement les termes de production et de consommation comme bases de l'économie politique, et de les substituer par ceux de soin et de liberté. Comme le soulignent les économistes féministes comme Nancy Folbre, toute action économique peut être considérée comme une forme de travail soignant : après tout, vous ne construisez un pont que parce que vous vous souciez du fait que les gens puissent traverser le fleuve. Vous faites des trous pour le pétrole parce que vous vous souciez du fait que les gens puissent se déplacer en voiture. Mais il y a des subtilités qui se glissent ici. Tout le monde conviendrait du fait que les hôpitaux dispensent des soins. Mais qu'en est-il des prisons ? La prison nourrit et habille les prisonniers après tout, et leur fournit au moins un minimum de soins médicaux. Mais intuitivement il semble tout simplement faux de traiter les prisons comme des institutions de soin.

Pourquoi ? C'est ici que j'ai senti que l'élément de la liberté était essentiel. Ce n'est pas du soin dans la mesure exacte où ça vous emprisonne. (En fait, plus j'examine les origines historiques des relations de domination et de l'État, plus j'en viens à croire que ces choses se sont produites par la perversion de relations bienveillantes). Mais, en termes de définition, cela permet une formulation plutôt spinoziste – pas exactement spinoziste, mais dans cet esprit – où le soin est déterminé comme toute action destinée à maintenir ou augmenter la liberté d'une autre personne.

ATZ : Et comment définir la liberté ?

DG : Je conçois la liberté en termes de jeu, ou pour mieux dire, je conçois le jeu comme la plus haute expression de la liberté, car il s'agit d'une activité qui n'est pas dirigée vers quoi que ce soit qui lui soit extérieur, mais qui est une valeur en lui-même.

ND : Cela fait partie d'un jeu que vous pouvez obliger tout le monde à accepter sur le moment, mais demain ça pourrait être un autre jeu.

DG : Oui, exactement, vous êtes libre de l'activer ou de le désactiver.

MBK : Très intéressant ! Je ne savais pas que vous pensiez comme cela. Et c'est ce que je recherche dans « l'utopie » du jeu. Dans tes livres, David, il y a toutes sortes de descriptions de la façon dont les sociétés résolvent leurs problèmes à travers des jeux rituels. Pour moi l'idée philosophique, artistique et politique du jeu, dans sa portée universelle, c'est que dans chaque jeu les règles sont les mêmes pour tout le monde. Nous disons toujours « tous égaux devant la loi » mais nous savons que dans les faits ce n'est pas vrai. Le jeu social sous la loi du marché est fixe. Ce n'est que le jour où nous serons tous effectivement égaux devant la loi, les règles, comme dans tout jeu efficace, que la liberté sera possible. C'est ce qu'Adorno voulait dire par cette phrase énigmatique : tant que le particulier et l'universel divergent, il n'y a pas de liberté.

DG : Oui, c'est pour ça que je parle d'une « utopie des règles ».

Ce que je trouve fascinant dans le jeu – mettons le jeu des enfants –, c'est qu'il génère toujours des règles ; si vous êtes juste engagé dans un comportement purement libre et sans contrainte, eh bien ça devient vite ennuyeux. Imaginez que vous vouliez parler dans un langage simulé entièrement aléatoire, avec n'importe quel son, sans ordre. La plupart d'entre nous ont essayé cela quand ils étaient enfants. Il est en fait difficile de le maintenir aléatoire un tant soit peu de temps. D'habitude, ce qui se passe vraiment, c'est que vous commencez à créer un langage absurde avec son propre code phonétique, ses rythmes et ses modèles. Essayer d'éviter ces contraintes devient vite épuisant. Bien sûr, donc, tout jeu génère des règles. Mais les règles menacent alors d'étouffer le jeu. Il s'agit d'une tension constante. Donc, pour moi, la liberté, c'est précisément cela : le jeu perpétuel du principe du jeu contre les règles qu'il a créées.

C'est pourquoi certains poètes du début du XXᵉ siècle pensaient que le verset libre n'était pas vraiment libre : « vous pouvez jouer au tennis sans filet, mais ce n'est pas vraiment un jeu, n'est-ce pas ? », disait Robert Frost. Mais bien sûr, la plupart des poètes rétorqueraient à présent qu'un bon poème génère ses propres règles, sa propre prosodie, puis, certainement, les subvertissent. C'est comme si le poète devait à chaque fois créer un univers juridique, pour pouvoir commettre contre lui des délits mineurs ou pas si petits. Revenons donc un instant à l'opposition entre soin et liberté. Lorsque vous pensez à une relation de soin, la première chose qui vous vient à l'esprit est généralement la relation de la mère à l'enfant. Les mères s'occupent des enfants pour qu'ils grandissent et prospèrent, bien sûr ; mais, dans un sens plus immédiat, elles prennent soin des enfants pour qu'ils puissent jouer. Alors, pourquoi ne pas en faire aussi le paradigme de l'économie, qui n'est après tout que le moyen par lequel les êtres humains se soutiennent mutuellement. Notamment parce que les soins et la liberté sont extensibles à l'infini sur la planète, alors que la production et la consommation ne le sont pas.

Liberté, 2 :
la propriété comme relation &
penser contre ou avec Kant

DG : Lors de notre rencontre, Mehdi a commencé par me demander si je concevais la liberté comme purement dérivée de l'inversion de l'esclavage. Mais la définition juridique spécifique à la tradition qui vient du droit romain a vraiment à voir avec la propriété. La propriété est un droit qui est votre liberté absolue de faire ce que vous voulez avec vos objets, sauf ce qui est interdit par la loi ou par la force.

MBK : Oui mais c'est faux…

DG : Exactement. Ce n'est pas vrai du tout. Dans la mesure même où vous pouvez le rendre vrai, c'est une façon idiote de définir la relation de propriété. Mettons que j'aie là un pistolet – ou juste une voiture. Je peux faire tout ce que je veux avec ma voiture sauf ce qui est interdit par la loi et par la force. Qu'est-ce que ça veut dire ? Que je suis libre d'y attacher des paillettes ou de la casser pour la ferraille ? À peu près tout ce que je peux faire avec ma voiture, comment et où je peux la conduire, la garer, est strictement réglementé. Le seul droit absolu dont je dispose est le droit d'empêcher le premier venu de l'utiliser. Vous ne pouvez imaginer le droit de propriété que comme une relation entre une personne et un objet, car en fait c'est un droit que vous avez « contre le monde entier » concernant la disposition de cet objet. Une relation entre vous et votre prochain dans le monde entier est difficile à comprendre ; une relation à un objet ne l'est pas. Mais, en un autre sens, vous ne pouvez avoir de « relation » avec un objet, c'est tout aussi absurde. Comme les juristes médiévaux l'ont vite souligné au moment où ils ont ravivé le droit romain au XIIe siècle : si vous êtes sur une île déserte, vous pourriez avoir une relation profondément personnelle avec un arbre, peut-être même avoir de longues discussions avec lui tous les jours, mais ce n'est pas une relation de propriété. S'il y a deux personnes sur l'île, cependant, vous devrez sans doute trouver un arrangement pour savoir qui peut s'asseoir sous l'arbre…

MBK : Avec Kant, la liberté est définie par la manière dont tu intériorises la loi. C'est donc peut-être la première fois dans l'histoire de la pensée que la liberté devient subjective et devient le point de vue de l'esclave ; c'est ce qu'il y a de très intéressant avec Kant. Habituellement, la liberté est le point de vue du maître ou le point de vue du bourgeois.

DG : Tu dois m'en dire plus à ce sujet. Je dois être honnête et dire que la conception de la liberté chez Kant n'a jamais beaucoup fait sens pour moi. Oui, pour avoir la moralité, vous devez dire que les gens ont le libre arbitre ; c'est suffisant ; mais pour justifier le fait de dire que l'action humaine n'est pas déterminée, et donc libre, Kant doit l'attribuer à un sujet nouménal hors du temps qui est autonome au sens de faire sa propre loi. D'accord. Le temps extérieur existant et la liberté de créer des lois étaient des attributs auparavant réservés à Dieu (enfin, peut-être aussi aux rois, mais dans la mesure où les rois étaient des dieux), donc, à ce stade, vous vous sentez vraiment en présence de quelque chose de radical. Mais, au moment où vous y êtes, il apporte la rationalité universelle qui dicte que, sauf si vous êtes esclave de vos passions, vous choisissez toujours librement de faire la chose rationnelle, qui, selon lui, est d'agir moralement. Vous êtes donc le souverain absolu qui découvre qu'il n'est que l'esclave.

Est-ce que quelque chose comme ça doit se produire si vous essayez de créer un monde d'un individualisme si radical que les promesses ou les engagements que nous nous faisons les uns aux autres, ou même simplement nos interactions les uns avec les autres, sont pourtant toujours une sorte de phénomène secondaire, car la seule relation morale importante que nous ayons n'est pas avec quelqu'un d'autre (nos voisins, nos mères...), mais avec une sorte d'abstraction totale, Dieu, la raison, la loi, le cosmos, ou quoi que ce soit de ce genre ? Une sorte d'absolu hypostasié ? Je suppose que c'est le cas. Mais je ne comprends toujours pas comment un être hors du temps peut faire quoi que ce soit !

MBK : Tu penses contre Kant, je pense avec Kant contre Kant. Il faut penser Kant malgré lui, malgré ses apories et ses excès. Je soutiens que ce que Kant a découvert, c'est l'identité paradoxale de la liberté et de la contrainte. La liberté nouménale intérieure, Hegel verra très bien que c'est la liberté intériorisée, c'est-à-dire la relation de maître à esclave.

DG : D'accord, et je pense que c'est plus ou moins ce que j'essayais de faire quand je parlais de propriété. Nos conceptions de la liberté dérivent du droit romain, finalement ; je dirais du droit romain des esclaves. On peut imaginer la propriété comme une relation de personne à une chose, malgré l'absurdité évidente du propos, seulement car elle remonte à une relation juridique où la chose est en fait une personne ! Mais une personne qui, par la force et la loi, est transformée en chose, en « instrument parlant », comme le disent les Romains. La liberté n'est que la volonté arbitraire du Maître. Jusqu'ici « tout va bien ».

MBK : Oui, la liberté de contrainte que Kant attribue à la pure spontanéité nouménale hors du temps remonte à l'existence, dans la seule clôture anthropologique, de la relation maître-esclave. L'exemple que je donne toujours pour illustrer la chose est le simple fait de s'habiller : si je décide de ne pas m'habiller pour sortir, j'ai certainement un acte « libre », mais qui me conduira soit en prison soit à l'asile : bel exemple d'une loi purement intériorisée, où c'est un Autre abstrait qui me contraint à m'habiller, et a donc un effet très concret sur moi. C'est ça le noumène de Kant. Ma liberté « spontanée », en tant que noumène humain, est une contrainte absolue.

DG : Oui, et c'est aussi une belle façon de cerner le paradoxe de l'individualisme possessif, comme avec la voiture qui est le symbole de la liberté absolue : où, en fait, le moindre aspect de ce que vous pouvez faire au volant est méticuleusement réglementé. Mais tout cela m'aide à clarifier ceci : que le moi nouménal n'est qu'un fantasme créé par des relations juridiques de domination. Mais si nous parlons de « liberté » sur ce mode, en quoi est-ce différent de ce que dirait un économiste ou un « théoricien du choix rationnel », à savoir que tout le monde est libre, et l'esclave est libre aussi parce qu'il a le choix entre obéir aux ordres ou être fouetté à mort ?

MBK : Parce que pour Kant – et c'est ce qui est vraiment puissant dans Kant – la liberté humaine (pur pléonasme) naît de la contrainte. C'est parce que nous sommes obligés de nous plier à des règles autres que celles de la simple survie animale, comme s'habiller, nettoyer, travailler, etc. ; bref, parce que nous nous mettons volontairement en prison (et il n'y a pas de phénomène d'emprisonnement dans une espèce autre que la nôtre) que nous devenons ensuite susceptibles de liberté positive, comme la création d'œuvres d'art, de régimes politiques vivables, de découvertes scientifiques, etc.

DG : Tu dis donc qu'un sacrifice de liberté négative est la condition nécessaire à tout exercice de la liberté positive ?

MBK : Il y a là un paradoxe réel et douloureux, mais qu'on ne peut écarter d'un revers de main. C'est parce que nous, humains, sommes les animaux de la contrainte gratuite, que nous sommes aussi les animaux de la liberté positive. Et en effet, l'idée de Dieu, dans Kant, ce serait celle d'un pur noumène qui serait libre de toute contrainte, ce qui est une manière brillante de résumer toute la théologie : ici-bas, les chaînes ; là-haut, la pure liberté.

DG : Eh bien, je sais qu'en termes théologiques, la Grande Chaîne de l'Être a été définie en termes de rationalité, Dieu étant la Raison absolue, et les êtres les plus élevés suivants, les trônes, les pouvoirs, les êtres angéliques, n'étaient que des extensions de Sa Volonté. Tu dis donc que Kant démocratise le cosmos, d'une certaine façon... Mais finalement il ramène la théologie, en disant que la rationalité est universelle, externe et atemporelle ?

MBK : Il y a une structure chiasmatique. Le phénomène positif de la loi chez l'humain est la contrainte négative ; le noumène négatif est la liberté positive. Ce profond chiasme de la structure de la liberté, c'est à Kant que nous en devons la découverte, même si ma lecture de Kant n'a rien à voir avec la lettre kantienne, et même si je suis d'accord avec tes objections initiales – qui sont du même type chez Adorno : la liberté kantienne comme liberté de soumission est une hypostase de la soumission petite-bourgeoise. Ce qui est vrai. Pourtant, parmi ces petits-bourgeois, vous aurez aussi des artistes, des révolutionnaires, des génies scientifiques, c'est-à-dire des gens qui transformeront la prison qu'est toute l'existence humaine en la possibilité de créer des choses incroyables, ce qui n'aurait pas été possible dans quelque régime d'animalité pure que ce soit...

DG : C'est une très belle formulation.
Je ne suis pas spécialement familier d'Adorno – du moins je ne pense pas l'être. Pour être honnête, je pense toujours à ce magistrat romain anonyme. C'est drôle : quand nous parlons des origines classiques de notre civilisation, (je me réfère

ici à une civilisation mondiale, à laquelle chacun participe d'une manière ou d'une autre), les figures qui viennent naturellement à l'esprit sont des gens comme Périclès, Euripide ou Platon, mais jamais ce type – il n'a même pas de nom – quand bien même aurait-il façonné nos existences de manière bien plus profonde. L'homme que j'imagine est un fonctionnaire sénatorial de la fin de la République ou du début de l'Empire, qui parraine des jeux, rend un jugement prudent sur la question du droit des biens, puis rentre chez lui assouvir ses besoins les plus intimes avec des esclaves qui sont, en termes légaux, des gens conquis et dénués de droits, et avec qui il peut faire ce qu'il veut, violer, torturer, tuer, en toute impunité. C'est un monstre. Et pourtant, son point de vue sur le monde, ses jugements, sont à la base de toutes nos idées libérales sur la liberté, et de bien plus encore à mon avis.

La situation crée une série de pièges conceptuels. Je vois Kant aussi en difficulté avec eux : d'où les antinomies de la raison pure. Je pense que tu as raison de dire que, ce faisant, il a abouti à une vérité profondément humaine : que toute liberté significative naît de la soumission à (mais j'ajouterais : en même temps d'une rébellion contre) des règles arbitraires de notre propre création. Ce qui m'inquiète, c'est que l'éclat de sa découverte pourrait sans le vouloir nous inciter à accepter cette vision singulièrement romaine de la condition humaine, où, au lieu d'être des êtres dialogiques qui se créent par une sorte de processus délibératif, nous sommes supposés être des individus absolus dont la liberté est enracinée dans une sorte d'atrocité, qui s'imagine être non pas engendrée par nos relations les uns aux autres, mais par nos relations avec une entité abstraite (la loi, la raison...).

La question est cependant : pouvez-vous avoir les deux en même temps ? Peut-on voir le sujet libre comme étant créé par ses relations avec les autres, non atroces, et en même temps le créateur de contraintes que tu (et Kant) définirais comme la possibilité même de sa liberté ? Et cela peut sembler abstrait (si c'est le cas, ainsi soit-il), mais cela a de réelles implications pratiques.

Liberté, 3 :
amitié, jeu et quantification

DG : Dans les langages germains, y compris l'anglais, le mot free (libre) vient de friend (ami), parce que l'idée est qu'un esclave ne peut pas avoir d'amis.

MBK : C'est intéressant, dans la mesure où l'on dit aussi souvent que les hommes riches n'ont pas d'amis.

DG : Ou les rois. Lorsque j'étudiais la royauté divine, un thème récurrent est qu'il y avait une affinité cachée, voire une parenté, entre les rois et les esclaves, car ce sont les deux seuls types de personnes qui n'ont comme rapports sociaux que ceux de domination pure.

Je suppose que je me débats avec deux idées de la liberté. D'une part, nous avons l'idée inspirée de la notion de « capacité à avoir des amis », c'est-à-dire à entrer en relation de promesses sociale. Parce que vous supposez que les gens sont la somme des relations qu'ils ont ou ont eues avec les autres, on arrive à une idée d'autodétermination. Par contre, si vous vous en tenez à la définition purement individualisée de la liberté, il est peut-être inévitable que vous finissiez par vous retrouver avec ces définitions de propriété de droit romain que j'ai évoquées.

MBK : C'est une vraie question, qui touche au vif de notre sujet dans la mesure où il existe un anarchisme de droite, essentiellement libertarien.

DG : Oui, exactement. Cette version de droite est l'extension logique de ce même dualisme stupide qui produit l'individu possessif : l'idée que « vous » êtes un esprit qui possédez votre corps et vos biens, et donc la liberté de faire ce que vous voulez avec vos bras, jambes, vaches, esclaves, etc. Vos relations avec la propriété, en quelque sorte, précèdent vos relations avec autrui.

L'alternative est de dire qu'une personne libre est une personne qui a la capacité de se faire des amis, de prendre des engagements envers les autres – ce qui, d'un point de vue strictement libéral, est une restriction de votre liberté. Ce qui nous ramènerait à Kant, ou à la structure chiasmatique que Mehdi a dégagée de Kant, mais peut-être (j'espère) avec en arrière-plan l'ombre du magistrat romain. La liberté est votre capacité à entrer volontairement dans des relations de contrainte, et à en sortir de nouveau, ce qui délimiterait une définition non libérale de la liberté : la liberté est la capacité à faire des promesses, ce que précisément les esclaves ne peuvent pas faire.

La question est de savoir comment concilier cette conception avec le sentiment de la liberté comme jeu – comme autopoïétique, si vous voulez, l'auto-génération ou l'auto-organisation des systèmes (bien que ce ne soit peut-être pas le terme approprié, car il a été adapté de manière bien précise par la biologie et la théorie des systèmes). Ma propre façon de cadrer cela a été à travers l'opposition du jeu et des jeux. Maintenant, en anglais, c'est particulièrement facile à exprimer dans la mesure où il y a deux mots distincts : games et play. Distinction qui, pour une raison étrange, ne semble exister dans aucun autre langage humain – du moins, je n'en connais aucun.

MBK : Et quelle est la distinction ?

ATZ : Le jeu (play) est immanent, c'est quelque chose que tu fais, qui est son propre but. Des enfants jouent (play) dans un bac à sable. Les jeux (games) ont un dessein, un espace et un temps limités, des règles, des enjeux – et quelqu'un gagne.

DG : Précisément. Vous pouvez « jouer » un jeu (play a game) – ce qui signifie suivre un ensemble explicite de règles – ou vous pouvez simplement jouer (play around), ce qui est de l'improvisation pure. Alors, quand je décrivais la liberté comme la tension entre le jeu (play) et les règles qu'il engendre, une autre façon de le dire c'est la relation entre le jeu (play) et les jeux (games).

Comme je le disais plus haut, exercer la liberté pour elle-même générera inévitablement des règles. Pourquoi ? Je pense que c'est en partie parce que nous jouons pour le plaisir, et que le pur hasard n'est pas très amusant. Si vous essayez de faire des bruits d'une manière entièrement aléatoire, qui ne ressemblent en rien à une langue, cela peut être très agréable pendant une très courte période de temps, mais au bout d'une minute ou deux, ça commence à être du travail. Ce qui est amusant, c'est de créer un motif et de jouer avec. Le jeu (play) génère donc des jeux (games). La liberté, dans cette logique – du moins il me semble que c'est la meilleure façon de penser la chose – est la tension entre le jeu (play) et les règles qu'il génère. Mais cette tension est aussi l'une de nos principales formes de plaisir.

Cela pourrait donc être une façon de synthétiser les deux conceptions de la liberté. Le jeu (play) se transforme en jeux (games) au moment où plusieurs personnes jouent et s'accordent sur des contraintes. De plus, la liberté en tant que capacité à créer des jeux et la liberté en tant que capacité à faire des promesses (ou à se faire des amis) sont des expressions de la créativité pure, qui s'attache et se contraint à l'objet de sa création. Mais heureusement, cet attachement n'est pas absolu.

ATZ : À moins qu'ils ne soient quantifiés, auquel cas cela devient absolu et c'est tout le problème ! Donc l'autre différence entre le jeu (play) et le jeu (game) est que dans le premier, « ça ne compte pas », on ne compte pas les points. Alors que, dans les jeux (games), vous le faites. C'est le fait de quantifier, de tenir des registres, qui corrompt la relation entre jeu (play) et jeux (games). Notre capacité à nous déplacer entre les deux est corrompue quand les gagnants d'une partie refusent soudain de recommencer à zéro une fois la partie terminée. Ce qui, je suppose, explique pourquoi des gens comme les Nuer ou les Dinka ne comprenaient pas pourquoi perdre une guerre contre les Britanniques devrait signifier une soumission prolongée. Pour autant qu'ils pussent en juger, ils venaient juste de perdre un match. De même, notre capacité à faire des promesses est corrompue lorsque nous perdons la capacité à les rompre, ce qui se produit quand la promesse est quantifiée et enregistrée sous forme de dette.

C'est donc notre capacité à consentir activement aux règles, mais aussi notre capacité à les renégocier, qui est corrompue sous le règne de la quantification suprême, où les mathématiques sont considérées comme la seule vérité transcendantale... Donc si les gagnants sont toujours les mêmes et que toutes les promesses sont à tenir quelles qu'en soient les conséquences, vous vous retrouvez dans une société de classe basée sur une économie de la dette.

DG : Ah, joli ! Oui, ce n'est plus une promesse si vous ne pouvez pas la rompre : ce fut l'une de mes grandes révélations lorsque j'écrivais Dette, 5000 ans d'histoire.

Tu te rends cependant compte, Assia, que par cette manœuvre tu fais effectivement la même chose : tu me mets au défi de transformer ma formulation plutôt ludique en quelque chose d'au moins potentiellement plus durable.

Bon d'accord, je vais essayer.

Eh bien, tout d'abord, je suppose que vous pourriez dire qu'il y a deux niveaux. D'abord, la quantification, en transformant le jeu (play) en jeu (game), introduit la possibilité d'effets durables. Mais seulement la possibilité. Nous pouvons jouer au poker pour les jetons et jeter l'ardoise chaque jour. Mais nous pouvons également insister pour encaisser les jetons contre de l'argent réel – ou les jetons eux-mêmes peuvent devenir de l'argent, ce qui s'est apparemment bien produit dans certaines villes d'Asie du Sud-Est, où vous pouviez utiliser des jetons de Mahjong pour acheter des choses sur le marché.

Ensuite, il y a le rituel. Selon de nombreuses versions de la théorie anthropologique du rituel, il concerne l'anéantissement de l'histoire. Il s'agit de subsumer des événements historiques qui pourraient sembler faire une différence permanente – un mariage, un décès, la dédicace d'un monument, l'octroi d'une licence pour pratiquer la médecine, la conquête… – dans un ordre cosmique plus large où ils ne comptent pas vraiment, car rien n'y peut vraiment changer. Mais il y a des jeux qui menacent de sortir de ce cadre rituel. Par exemple la guerre. Elaine Scarry a posé une question très intéressante sur la guerre. Elle dit : il est facile de voir pourquoi les ennemis pourraient vouloir résoudre leurs différends à travers une sorte de concours. Mais pourquoi faut-il que ce soit un concours de blessures ? Pourquoi ne pas simplement se faire honte et s'humilier? Pourquoi doivent-ils se blesser physiquement ? La réponse traditionnelle est celle de Clausewitz : un combat de violence porte en lui les moyens de sa propre application, le perdant ne peut pas se contenter de déclarer qu'il n'accepte pas le résultat, car alors le gagnant peut simplement lui tirer dessus. Mais cette explication ne fonctionne pas vraiment, pour toute une série de raisons. Scarry propose de penser au lieu de la permanence même de ce que la guerre fait aux corps humains : mort et défiguration, mutilation, cicatrices... La violence crée les moyens de sa propre commémoration. Elle sculpte ses monuments dans une chair en ruine que vous ne pouvez pas oublier. Ou, dans le vocabulaire qui est le nôtre, vous ne pouvez pas vous contenter de mélanger les cartes et recommencer. Vous êtes presque obligé de trouver une raison pour laquelle toutes ces blessures ont une sorte de signification permanente.

C'est pourquoi au Moyen-Âge, par exemple, vous avez tant de codes législatifs qui consistent principalement à spécifier quelle compensation monétaire est due aux personnes tuées dans des querelles, des guerres, etc. Il y a des inventaires de blessures très détaillés : tant pour chaque doigt sectionné, tant pour un œil qui a été détruit, etc. Il me vient à l'esprit, maintenant que j'y pense, que ce sont toutes des blessures permanentes. Personne ne demande une indemnisation pour une jambe cassée, même si – comme le ferait remarquer un avocat moderne – cela rend la victime incapable de travailler, ou de faire quoi que ce soit pendant une période de temps considérable. Vous payez pour des blessures qui ne disparaissent jamais. Malgré le fait que l'argent – quoi qu'ils utilisent comme argent, que ce soit des vaches, de l'argent ou de la peau de martre – est par définition la forme de richesse la plus éphémère, il efface l'histoire à chaque transaction. C'est une tentative de nier l'histoire. Faire semblant que les choses peuvent être rebattues même si tout le monde sait qu'elles ne peuvent pas l'être. C'est presque comme si vous reconnaissiez la permanence de la blessure par l'insuffisance même de l'indemnisation. Vous ne pouvez pas vraiment le replacer dans un rituel, mais tout le monde accepte de prétendre que vous le pouvez.

Liberté, 4 :
réalisme critique &
niveaux de réalité émergents

MBK : J'ai écrit une fois que le rôle du langage est de changer les choses en les manquant. Les mots manquent toujours la chose. Le langage est toujours une simplification, mais une simplification puissante. Elle crée une complexification au-delà du langage. C'est un chassé-croisé constant entre la langue et la façon dont elle influence les choses.

DG : Ma propre expérience de cela dans le monde anglo-saxon se trouve dans le réalisme critique de Roy Bhaskar, qui cherche à intégrer la liberté dans les structures profondes de la réalité elle-même.

Fondamentalement, Bhaskar déclare que les niveaux de réalité émergents sont des niveaux de liberté croissante. Bhaskar est un réaliste transcendantal, et il est connu (dans la mesure où on le connaît...) comme un philosophe de la science, bien qu'en fait son intérêt pour les questions scientifiques soit entièrement politique. Il demande donc : pourquoi les expériences scientifiques sont-elles possibles, mais en même temps, pourquoi les expériences scientifiques sont-elles nécessaires ? Les philosophes de la science typiques se focalisent sur l'une des deux questions, jamais sur les deux à la fois. D'une part, pourquoi est-il possible de créer des situations où vous pouvez prédire exactement ce qui va se passer, chaque fois que vous le faites ; de l'autre, pourquoi est-ce si difficile ? Pourquoi faut-il autant de travail ? Pourquoi est-il impossible de prévoir quoi que ce soit dans les « systèmes ouverts » de la vraie vie comme, par exemple, la météo ? Sa réponse est, comme il l'appelle, une ontologie profonde, par opposition à une ontologie plate. C'est là que la notion d'émergence entre en jeu.

Bhaskar parle de l'émergence de la même manière que toi Mehdi, dans ton travail, tu parles d'« événements » : tel aspect de la réalité décrit par la biologie émerge du niveau décrit par la physique, les animaux des plantes, etc. À chaque niveau de complexité, on pourrait selon lui, parler d'un plus grand degré de liberté. La liberté existe à un niveau subatomique, mais assez peu, un arbre est plus libre qu'un électron ou un champ électromagnétique, un oiseau est plus libre qu'un arbre, et ainsi de suite.

ATZ : Eh bien je ne sais pas grand-chose de la physique quantique, mais au contraire la liberté n'est-elle pas plus « grande » au niveau subatomique ?

DG : C'est là que j'ai eu un accès de panpsychisme ludique !

MBK : Je suis scandalisé !

DG : (*Rires*) J'avais l'intention d'éviter toute cette problématique. Bon, eh bien, si je comprends bien, il y a un débat animé parmi les physiciens à ce sujet. Les physiciens peuvent eux-mêmes être assez ludiques. Ils ne sont pas du tout comme les biologistes, qui ont tendance à être incroyablement doctrinaires – mais c'est que, je suppose, les physiciens n'ont pas à se soucier de fanatiques religieux essayant de réfuter leurs hypothèses de base, comme l'évolution, ce qui leur permet de se détendre un peu plus et prendre plus de plaisir. Donc, les physiciens se demandent si le fait que vous ne pouvez pas prédire la direction des électrons ne doit pas être considéré comme signifiant qu'ils ont une forme minimale d'intentionnalité !

MBK : Je suis du côté de ceux qui croient que ce sont les instruments de mesure qui créent « l'intentionnalité » au moment de l'expérience scientifique.

ATZ : Bien sûr, mais si on suit nos points de vue précédents, cela pourrait être vrai parce qu'en tentant de le mesurer, nous permettons à l'électron d'avoir de l'intentionnalité – de la liberté – parce que nous lui donnons une règle avec laquelle jouer ? Nous demandons aux électrons de faire un choix, comme dans cette expérience basique des fentes de Young, qui peut s'effectuer dans n'importe quel lycée… et c'est ce qu'ils font.

MBK : Point de vue très intéressant. Même au niveau subatomique, la liberté suppose une règle de coercition !

DG : Oui.
Ce qui m'est venu à l'esprit, c'est que si un électron avait une intentionnalité, dans un sens embryonnaire – ou si voulez, si on peut dire qu'il peut y avoir quelque chose qui, à un niveau d'émergence plus complexe devient « intentionnalité », s'il y a une directivité qui peut lui être attribué… eh bien de quel genre de direction s'agirait-il ? Parce que vous ne pouvez appliquer une perspective utilitaire à un

électron. Pour un économiste ou un théoricien du choix rationnel, toute action intentionnelle vise à maximiser un certain intérêt, généralement l'intérêt personnel. Les électrons n'ont aucun intérêt personnel. Il est impossible de les imaginer agir pour des motifs égoïstes (ou altruistes d'ailleurs).

C'est pourquoi tout le phénomène du jeu animal est un tel problème pour les comportementalistes animaux. C'est un problème que ma vieille amie Erica Lagalisse m'a exposé : le fait que tous les animaux jouent bouleverse nos hypothèses normales sur l'univers. Les oiseaux, les poissons, même les homards et les insectes, semblent au moins adopter un comportement qui pourrait être considéré comme l'exercice de leurs capacités les plus complexes, juste pour le plaisir de les exercer. Même Kropotkine, quand il écrit sur l'entraide, a décrit des essaims d'oiseaux effectuant des manœuvres coordonnées complexes simplement parce qu'ils le pouvaient. La coopération animale n'était pas seulement pragmatique, souvent les animaux coopéraient juste pour le plaisir. Mais d'une certaine manière pourquoi cela devrait-il nous surprendre ? Nous supposons que les êtres ont un désir de se préserver, que la vie, comme Nietzsche l'a dit, « se veut elle-même ». Mais si la vie est une capacité d'action, alors pourquoi est-ce que l'exercice de ces capacités les plus complètes pour leur propre bien ne devrait-il pas être une extension logique de ce même principe ? Vous ne voulez pas vous préserver en restant assis là, car alors vous ne vous protégez pas réellement, c'est comme si vous étiez mort.

Les biologistes ont un vrai problème avec cela. Bien sûr, la plupart n'ont aucun problème à parler de « gènes égoïstes ». L'ADN est la seule chose à laquelle les scientifiques se permettent d'allouer une intention – même s'ils vont souvent se désavouer en faisant un alibi transparent, en disant « bien sûr tout cela n'est que métaphore » avant de procéder entièrement comme si c'était littéralement vrai – parce que pour eux, être « scientifique » signifie seulement attribuer des motifs rationnels à des acteurs intentionnels, et les motifs « rationnels » sont apparemment égoïstes. Si vous ne pouvez pas attribuer de motifs égoïstes, alors vous ne pouvez rien dire du tout.

Je me suis donc dit : imaginons qu'un électron agisse avec une sorte d'intentionnalité embryonnaire. Que ferait alors cet électron, ou champ électromagnétique, ou structure cristalline ou que sais-je ? Ce ne peut être qu'un désir de vivre la liberté pour elle-même !

ATZ : Oui ! L'univers se joue lui-même pour que Dieu puisse se prendre dans les bras !

DG : Exactement. Ça joue.

MBK : Il y a ici deux points de vue, et je vais essayer de faire un lien dialectique entre eux. Premièrement, places-tu la liberté dans le principe d'intrication ?

DG : Je ne sais pas. Est-ce que je le fais ?

MBK : Parce qu'on peut l'interpréter dans le sens inverse, comme la codétermination cosmique de Spinoza, où la liberté n'a aucune place.

DG : Oui on pourrait. Et je suis assurément d'accord sur le fait que la liberté ne peut pas être le seul principe. N'est-ce pas Charles Sanders Peirce qui a développé l'idée de Nietzsche selon laquelle il serait possible de générer toutes les lois physiques à partir d'un seul principe, qui est que si quelque chose se produit, il est probable que cela se reproduise ? Vous pourriez facilement mettre en balance un principe du jeu contre un principe comme celui-là.

ATZ : « Celui-là », tu veux dire la tendance à se reproduire ?

DG : Oui. Le problème avec le principe de Peirce tout seul, c'est que si vous supposez que tout ce qui se passe, toute conjoncture aléatoire, est hautement susceptible de se reproduire, eh bien, vous pouvez commencer avec un cosmos entièrement aléatoire et finir avec ce qui ressemble à ce que nous avons maintenant, un cosmos régi par ce qui ressemble à des lois. Mais il n'y a aucune raison pour que cela s'arrête, et finalement tout devrait devenir entièrement fixe. L'univers deviendrait plus organisé au fil du temps, ce qui, du moins si vous croyez au Big Bang, semble être le cas. Mais il deviendrait absolument uniforme et prévisible. Vous vous retrouveriez avec ce cosmos de Spinoza, ou avec la musique pythagoricienne des sphères. Mais ça ne semble pas être ce qui se passe.

ATZ : Mais là encore, la plupart des choses ont des forces opposées. Tu décris essentiellement le chaos et l'ordre. Peut-être l'entropie...

DG : Vous savez que cela peut sembler idiot, mais j'ai toujours élevé un doute quant à la seconde loi de la thermodynamique. Ou... je ne nie pas que l'entropie s'applique à un système fermé. De toute évidence, c'est le cas. Mais elle ne s'applique à aucun des systèmes qui nous tiennent à cœur, ni à la Terre, car le soleil nous alimente constamment en énergie ; ni à l'univers dans son ensemble, qui est évidemment devenu beaucoup plus complexe et organisé depuis le Big Bang. D'accord, les systèmes chimiques autonomes ont tendance à se désorganiser avec le temps. Et après ? Que devons-nous faire d'une loi où tout ce qui importe est une exception ?

ATZ : Nous devrions vraiment inviter un physicien...

DG : J'ai toujours senti que la loi de l'entropie avait été inventée par des Victoriens dépressifs anticipant le déclin inévitable de leur empire. C'est le soupir de la créature pas-spécialement-opprimée, indignée du fait que son pouvoir ne dure pas éternellement, puisque rien ne dure éternellement. Vous mettez votre oiseau dans une cage puis vous vous plaignez qu'il va mourir. Passez à autre chose !

Mais pour en revenir à Bhaskar, car je n'ai pas tout à fait fini mon résumé... Ce qu'il dit, c'est que vous avez ces différents niveaux émergents de complexité, et non seulement chacun a un degré sans cesse plus grand de liberté (ou d'arbitraire, du point de vue déterministe...), mais la façon dont ils interagissent dans un système ouvert est intrinsèquement imprévisible, car vous avez des mécanismes causaux de différents niveaux émergents qui interagissent. C'est pourquoi vous devez, pour une expérience scientifique, éliminer les mécanismes de tous les niveaux émergents sauf un, pour comprendre comment un mécanisme fonctionne. Les systèmes fermés sont toujours des créations humaines et demande généralement énormément de travail.

Liberté, 5 :
négocier les règles du jeu

DG : Le point que j'ai soulevé dans Utopia of rules, et qui est lié à cela, est que l'autre plaisir des jeux n'est pas seulement que vous vous soumettez volontairement à des règles, mais aussi que vous savez exactement lesquelles. Dans la vie de tous les jours, vous jouez constamment à des jeux dont les règles vous sont vaguement claires... enfin, parfois, c'est un mystère total ; mais le plus souvent, vous avez un sens de ce qu'elles sont. Certaines personnes, qui sont des artistes accomplis, ont un vrai sens artistique de ces choses ; et ils n'ont pas besoin de connaître les règles, ils ont juste une idée intuitive de ce qu'est un bon mouvement. Mais la plupart d'entre nous trébuchent, comme de mauvais sociologues amateurs essayant de tout comprendre. Dans un bon jeu, vous savez exactement qui sont les joueurs, quelles sont les règles, comment savoir quand on a gagné... dans la vraie vie, tout cela est à découvrir et ça peut être irritant.

ATZ : C'est peut-être la raison pour laquelle nous sommes si attachés à l'application des règles du jeu quand nous les connaissons. On s'est tous déjà surpris de la ferveur avec laquelle on devient légaliste quand on joue aux cartes et qu'on crie que c'est de la triche.

DG : Oui, ou ces gens qui, quand ils veulent insulter quelqu'un, disent : « celui-là, il triche au solitaire ! » Eh bien, pourquoi diable ne tricheriez-vous pas au solitaire si vous en aviez envie ? Qui embobinez-vous ? Dieu ?

Mais lorsque vous êtes aux prises avec d'autres personnes, il y a le fait encore plus difficile qu'il y a toujours au moins deux niveaux d'un jeu réel : le niveau régi par des règles, et le niveau où vous négociez quelles sont exactement ces règles avec lesquelles commencer. Il est impoli de parler de ça. En fait, j'ai remarqué que c'était l'une des choses les plus troublantes dans le fait de parler à des schizophrènes : souvent ils en parlent ; ils ont tendance à tout expliquer ; donc si vous essayez d'aller dans une direction qui les confrontera à une incohérence logique ou à une prémisse délirante, ils essayeront immédiatement de fixer de nouvelles règles : « Non, nous ne parlons pas de ceci ! Nous parlons de cela ! »

Chez les gens polis, les règles sont établies indirectement. Cela est vrai même lorsque les règles autorisent beaucoup de violence physique. J'ai passé beaucoup de temps à essayer de comprendre comment le processus fonctionnait, alors que j'étais impliqué dans des campagnes d'action directe en Amérique autour de 2000-2001. Les actions de rue prenaient souvent la forme d'une guerre urbaine avec chaque camp, militants et flics, essayant de repérer les déploiements des autres parties, écrasant leurs positions, débordant ou se dépassant les uns les autres, et ainsi de suite. Toujours, dans l'action directe, il y a des règles d'engagement tacites : quel type d'armes et de tactiques peut être utilisé par chaque camp. Les militants ne peuvent pas s'engager dans une violence manifeste, la police ne peut – normalement – pas tuer qui que ce soit, etc. Occasionnellement, très occasionnellement, les règles peuvent être élaborées directement, par voie de négociation. Cela était vrai en Italie à l'époque de Tute Bianche, dont la plupart des militants, me semble-t-il, ont eu des contacts avec des gens de l'autre côté, qu'ils avaient connus à l'école primaire et qui avaient eu le malheur de devenir policiers. Ainsi, les Tute Bianche mettaient ces tenues rembourrées géantes, donc ils étaient essentiellement comme des personnages de dessins animés, pesants, disgracieux, mais indestructibles ; et ils appelaient les flics et leur disaient : « d'accord, vous pouvez donc nous frapper aussi fort que vous le voulez, tant que c'est sur le rembourrage ; nous ne vous frapperons pas, nous essayerons juste de percer les barricades. Voyons voir qui est gagnant ! » Et les flics, pour la plupart, ont joué le jeu. Certains de mes amis italiens m'ont dit que malgré le fait que les militants s'étaient notoirement enveloppés de chambres à air gonflables, pendant les deux premières années aucun policier n'a même songé à apporter une épingle. Mais ensuite est venu le G8 à Gênes, et un fasciste, Fini, a été en charge de l'opération policière, et les militants savaient que quelque chose de terrible allait se passer parce que, soudain, les flics ne voulaient pas décrocher le téléphone.

Mais tout cela était extrêmement inhabituel. D'habitude, la négociation se fait indirectement, peut-être dans une certaine mesure par des moyens juridiques et parlementaires, mais principalement par le biais des médias. Il y avait donc un niveau de guerre symbolique, voire mythologique, en plus de la guerre réelle ; les anarchistes créaient des marionnettes géantes et apparaissaient avec des tubas et des danseuses du ventre pour faire paraître la réaction de la police folle et disproportionnée. Les flics répondaient en essayant de convaincre le public que les marionnettes pouvaient contenir des bombes ou de l'acide chlorhydrique à jeter sur le visage ; les anarchistes construisaient une catapulte géante pour lancer des animaux en peluche au sommet du château. La presse prétendait que les animaux en peluche aveint été aspergés d'essence et incendiés... Le succès de ces campagnes symboliques a été crucial pour déterminer avec quelle force chaque partie pensait pouvoir s'en tirer. Chaque camp accusait ensuite l'autre de tricher, de ne pas respecter les règles.

ND : La plupart des révolutions se produisent non pas parce que les gens meurent de faim, mais parce que quelqu'un enfreint les règles à tel point que les gens ne le supportent plus.

DG : Eh bien, si les gens meurent de faim, ils ne sont généralement pas en position de se révolter. Mais c'est vrai. Vous ne pouvez être vraiment en colère contre quelqu'un que si vous habitez le même univers moral. C'est quelque chose que j'ai remarqué quand j'étais à Madagascar. Je n'ai su que j'étais socialement accepté que quand les gens ont commencé à se mettre en colère contre moi. Pendant les six premiers mois, j'étais à Arivonimamo, et si je faisais quelque chose et que quelqu'un sentait que ce que je faisais était complètement hors de propos, il ne se fâchait pas contre moi, il se fâchait contre la personne malgache dont il pensait qu'elle était la mieux à même de me l'apprendre. S'il se fâchait contre moi, cela signifiait qu'il me considérait comme une personne morale à part entière.

J'ai été frappé par le fait que la plupart des personnes qui aient jamais vécu sous des gouvernements ne considéraient en ce sens pas leurs dirigeants comme des personnes morales. C'était assurément vrai à Madagascar. La plupart des ruraux pensent au gouvernement de la même manière que nous pensons à un ouragan : le gouvernement pourrait exploser et menacer de faire des ravages dans votre vie, vous essayez de vous en écarter, d'en gérer les conséquences... Il a la force de statut de la nature. Mais il ne vous viendrait jamais à l'esprit de dire : « ces gendarmes n'auraient vraiment pas dû collaborer avec de tels bandits », ou « le gouverneur général français a eu tort d'augmenter les impôts ». Les pauvres (et je viens d'une famille pauvre et ai passé le plus clair de ma vie pauvre) voient les propriétaires de la même manière. En fait, je me souviens encore de ma première année d'études supérieures à Chicago, j'avais un ami riche dans le même programme, et nous louions tous les deux des appartements dans le même immeuble, et il s'indignait toujours lorsque le propriétaire de l'immeuble ne remplissait pas une obligation contractuelle. Cela m'a vraiment intrigué. C'est un propriétaire ! Qu'est-ce que tu en attends ? Ils opèrent par une logique extraterrestre, contraire à la nôtre, et peut-être que vous essayez de vous jouer d'eux, mais si vous êtes intelligent, vous essayez de rester sous leur radar comme vous le feriez avec n'importe quelle figure d'autorité, parce que s'ils vous remarquent vous aurez certainement des ennuis.

En fait, je pense que c'est cette observation qui m'a amené à conclure que la classe moyenne n'est pas une catégorie économique mais morale. Si vous voyez un flic et que vous vous sentez plus en sécurité, pas moins, vous êtes probablement de la classe moyenne. Les gens de la classe moyenne pensent que la structure institutionnelle (les écoles, les banques, le gouvernement…) devrait être là pour les servir, et s'indignent si ce n'est pas le cas.

Eh bien, dans ce sens, la plupart des personnes du tiers monde ne se sentent pas comme appartenant à la classe moyenne. Mais quand un nombre suffisant d'entre elles commence à sentir que le gouvernement est au moins composé de personnes morales, dont les actions peuvent être jugées selon les critères du bien et du mal, c'est alors que les rébellions se produisent.

À Madagascar, dans les années 1940, il y avait une classe moyenne émergente ; suffisamment de personnes ont été assez éduquées et attirées dans le monde de la fonction publique française et dans l'univers colonial au sens large pour considérer les Français comme des êtres moraux qu'ils pouvaient juger, à tort ou à raison. Le résultat fut la révolte de 1947.

Mon ami Loren Lev a trouvé quelque chose de très similaire au Népal. Elle avait réalisé un projet sur une campagne d'alphabétisation et d'autonomisation des femmes rurales, menée par une ONG internationale. Elle essaya d'exposer toutes les hypothèses néolibérales sous-jacentes au programme, comme quoi il préparait vraiment les gens au micro-crédit et aux aspirations bourgeoises. Quelques années plus tard, elle est revenue et la moitié des femmes qui avaient suivi le programme étaient devenues des guérilleros maoïstes. C'est donc un vrai danger. Si vous attirez des gens dans votre jeu, ils peuvent décider que vous trichez.

ND : Il est très intéressant de noter qu'en russe l'ami s'écrit друг [drook], qui veut dire l'Autre. Donc l'ami est l'Autre avec qui vous négociez toujours.

MBK : C'est une question centrale dans les histoires d'amour : jouons-nous le même jeu ou des jeux différentes ?

DG : Eh bien, l'amour comme jeu est le parfait exemple d'un jeu dans lequel les règles ne sont pas claires.

MBK : Parfois elles sont claires. Dans mon livre je m'intéresse aux pratiques BDSM pour cette raison.

DG : C'est vrai, dans ce cas les règles peuvent même être spécifiées par écrit.

ND : Les jeux équitables sont donc ceux où toutes les règles sont claires.

MBK : La vie est une série de jeux pas clairs, c'est en ce sens que je la dis originairement fasciste.

DG : C'est ça le problème de l'amour... prenons deux pôles diamétralement opposés : d'un côté, le couple BDSM, qui constitue l'extrême clarté sous ce rapport ; et de l'autre, l'amour romantique, qui est exactement le contraire. Il y a tellement de choses que vous pouvez ou ne pouvez pas faire, dire ou ne pas dire, mais ce n'est pas du tout clair. Et si vous tentez d'y définir les règles, c'est comme si vous violiez la plus importante !

MBK : Alors je dirais que l'amour romantique, à son summum, consiste à jouer un jeu parfait de règles informulées. C'est ce qui s'y trouve de magique, mais ça ne fonctionne pas à long terme...

DG : C'est du fascisme heureux, alors ? Mais, oui, à la fin son jeu doit être rationalisé...

(ND rit malicieusement).

MBK : Être anarchiste c'est créer à tout instant les règles avec autrui, et pas simplement s'opposer à un système de règles...

DG : Oui, sinon tu es simplement un rebelle.

MBK : Je dirais que la politique est un jeu à la recherche de ses propres règles, voilà pourquoi l'anarchisme est l'essence du politique.

Fascisme ludique

MBK : La réalité commence dans le fascisme, pour le poser très brutalement. Psychologiquement parlant, il m'est très difficile d'accepter cela, mais philosophiquement, je me force à l'accepter pour être moins scandalisé et agir davantage.

DG : Je ne sais pas trop de quelle « réalité » nous parlons ici, mais je crois pouvoir ajouter quelque chose. C'est pourquoi je t'ai conseillé de lire mon livre sur les rois. Il semble qu'on puisse avancer que le fascisme soit à l'origine de l'ordre, mais alors ce serait ce qu'on peut appeler du « fascisme ludique ». Nous revenons à l'idée de jeu. Archéologiquement, il y a des choses qui ressemblent à des sépultures royales, où on trouve d'énormes quantités de biens avec lesquelles les personnes lambda n'étaient pas enterrées : des sceptres, des beaux vêtements de toute sorte... et on parle de chasseurs de mammouths ! Mais presque chacun d'eux était physiquement déformé d'une manière ou d'une autre : donc c'était des gens de petites tailles, ou des géants, ou des bossus... Il y a ici une espèce de théâtralité vertigineuse.
Presque comme si le pouvoir commençait comme une chose burlesque, comme la parodie d'un pouvoir réel jusqu'alors seulement imaginé.

MBK : Oui, mais c'est comme aujourd'hui, avec les super-héros ou les blockbusters pleins d'énormes robots : quand Hollywood produit de tels films, c'est une métaphore du pouvoir. C'est en lisant ton travail que j'ai réalisé cela. Quand Hollywood représente les monstres comme venant de l'extérieur, c'est en fait un autoportrait. C'est le système qui est représenté par les robots monstrueux, les machines gigantesques, etc. Je lis ça comme une déformation qui n'a lieu que dans la clôture anthropologique. La dimension de l'anthropologie dans mon travail est très anti-nietzschéenne, c'est ce qu'il appelle les dégénérés, les perdants, les faibles, etc., ce sont ceux pour lesquels je fais de la philosophie. Avec Diaphanes, nous voulons réaliser le numéro d'une revue, OROR, sur la folie : en posant à de vrais fous des questions sur l'inadéquation sociale et donc sur le contenu directement politique de leur folie incurable.

DG : Peut-être que le pouvoir commence par une célébration de la folie. Il y a certainement un lien entre prophètes, monstruosité, souveraineté et folie qui ne disparaît jamais. Si vous regardez la chose anthropologiquement, il est logique que les toutes premières personnalités politiques soient aussi étrangement déformées. Il n'y a apparemment aucune partie du monde (Perse, Chine, Pérou...) où les cours royales n'hébergeaient pas aussi des nains. « L'État » commence comme un parent du cirque, et le demeure toujours dans une mesure ou une autre.

L'un des articles que j'ai trouvé le plus révélateur à ce sujet est un article sur les Nuer de Tom Beidelman. Les Nuer sont des gens notoirement égalitaires, avec une structure de lignée segmentaire, par laquelle tout le monde descend d'un seul ancêtre, et savent exactement comment chacun est lié à chacun. Différents clans et lignées sont constamment en conflit avec d'autres, mais sont toujours médiés par ce système de parenté et ce système juridique extrêmement complexes, même s'il n'y a pas d'autorité politique du tout. Ils ont ces fous qui, normalement, sont un peu comme l'idiot du village mais qui en temps de crise, ou quand des choses adviennent qui nécessitent une grande organisation, peuvent devenir des leaders charismatiques. Donc, chaque village Nuer est entouré de ces gens, habituellement occupé à classer des pierres et à parler des langues que personne ne peut comprendre, et qui, comme vous pouvez l'imaginer, ont souvent des malformations physiques, ou des habitudes sexuelles non conventionnelles...

MBK : Je n'imagine pas, je m'identifie (*Rires*).

DG : Ils sont probablement ceux que nous serions si nous étions des Nuer du début du siècle. Normalement, tout le monde se moquait d'eux, mais quand quelque chose de terrible se produisait – une épidémie, une guerre entre les groupes – qu'il fallait trouver un moyen de résoudre, l'un d'eux apparaît et devient le leader. Ils sont comme une réserve de talents. Des mouvements sociaux se sont formés autour d'eux.

Pierre Clastres a fait valoir que les sociétés sans État tels les Nuer, ou celles que les anthropologues ont étudiées en Amazonie, en Mélanésie, etc., sont sans État par choix. Les fonctions politiques comme celles du chef, dans la mesure où elles existent, ont tendance à être couvertes par des garanties élaborées. Elles sont fondamentalement rendues si onéreuses et difficiles pour quiconque les détient qu'elles ne peuvent pas devenir la base d'un pouvoir centralisé.

Si ce dernier émerge, ce sera par l'intermédiaire de prophètes. Si on se fie aux Nuer, alors ces prophètes sont souvent ces gens marginaux que l'on tire des pénombres. Je suis convaincu que le lien entre domination, soin et monstruosité (monstruosité au sens moral, social, physique, sexuel...) est très profond. En fait, je suis de plus en plus convaincu que c'est le vrai secret de la façon dont les humains ont perdu leurs libertés les plus précieuses, qui fait que nous nous retrouvons dans un véritable fascisme.

J'en viens aussi à penser que tu as raison : il y a une sorte de fascisme déjà inhérent à la façon dont les humains s'approprient la nature. C'est peut-être ce que veut dire mon ancien professeur Marshall Slahins quand il parle de « la société politique originaire » comme étant juste un État autoritaire, mais où les dirigeants sont tous des esprits, des dieux et autres entités « méta-humaines ». Les chasseurs-cueilleurs, note-t-il, vivent en effet dans des États s'ils insistent sur le fait qu'ils subissent des pouvoirs arbitraires imposant des lois dont les transgressions sont punies. Mais j'ajouterais que quand ça atteint le niveau humain, ils ont tendance à en faire une comédie. Il existe de nombreuses sociétés où le principe de souveraineté n'existe pas dans la vie de tous les jours, pour autant que vous définissiez la « souveraineté » comme la capacité à donner des ordres appuyés par la menace de la force, avec impunité, pour sortir du système de la loi et de la moralité afin de pouvoir prétendre que vous le constituez. (C'est pourquoi les rois sacrés doivent toujours prendre le pouvoir par un grand crime, pour montrer qu'ils ne sont pas soumis aux lois humaines, et sont donc capables de les créer.) Personne ne peut donner d'ordres arbitraires du tout – ou du moins, vous pouvez donner tous les ordres que vous voulez, mais personne n'est obligé d'y prêter attention. Sauf lors des rituels. Et ces rituels impliquent des imitateurs de dieu masqués ou costumés. Vous pourriez dire : « Aha ! C'est lorsque les dirigeants humains viennent sur terre, et que les humains prétendent les incarner, que vous avez l'origine de la royauté et de l'Etat ! » Mais en fait, ce n'est pas si simple. Si vous regardez les cultes Kuksu dans la Californie indigène, ou les mascarades de la Terre de Feu, ce que vous trouvez, c'est que les dieux ne disent rien : ils sont impassibles, ils se contentent d'exister. Les personnages qui imposent l'ordre sont les clowns. Ils sont à la fois les maîtres de cérémonie et des pouvoirs à part entière, mais ils se moquent aussi constamment des rituels, font tout à l'envers et de manière ridicule pour faire rire les gens (et si vous riez, vous devez payer de l'argent). Ils peuvent ordonner à quiconque de se tenir debout ou de chanter une chanson, puis leur infliger une amende ou les punir s'ils refusent. Ils représentent la souveraineté. Mais ils sont ridicules.

Parmi les Kwakiutl, vous avez même des policiers clowns, les fool dancers, qui officient lors des cérémonies du milieu de l'hiver. Ils peuvent vous battre ou vous tuer pour avoir fait une erreur dans le protocole, mais eux-mêmes enfreignent toutes les règles, et errent en portant un masque au nez géant qu'ils soufflent constamment. Ils deviennent fous, si quelqu'un les touche, ils commencent à jeter des pierres et à briser des choses... Mais ils n'existent que trois mois par an, quand toutes les personnes importantes sont engagées dans des mascarades rituelles.

Ceux qui imitent réellement les dieux ne parlent pas, et beaucoup, comme l'Esprit Cannibale, sont tellement submergés par l'inspiration divine qu'ils sont transformés en créatures désarticulées de pur désir. Alors, qui sont exactement les clowns ? Eh bien, mon interprétation préférée c'est qu'ils ne sont pas des humains imitant des dieux, mais des dieux imitant des humains. C'est pourquoi ils sont si maladroits et idiots et si obsédés par le sexe et les excréments... parce que c'est à ça que ressemble l'être humain si vous êtes un dieu. Ceci jette une lumière neuve sur les princes et princesses déformés de l'ère glaciaire.

Ensuite, il y a la transformation de la relation de soin en relations de domination, de cruauté et de pouvoir. Les rois sont par définition un peu comme des enfants : tout cela est très explicite là où j'étais à Madagascar où ils parlaient toujours, au XIXe siècle, des gens comme étant les « nourrices » du roi – ce qui est bien sûr parfaitement logique puisque les monarques ont beau être pétulants, égoïstes, volontaires, ils sont entièrement dépendants de vous, comme des petits enfants. Le royaume entier était un système élaboré de travail attentionné répondant aux besoins et aux désirs – en fin de compte, à la liberté absolue – de la reine.

C'était l'exact inverse de ce que nous appelons parfois aujourd'hui « l'état nounou ». Mais il y a une sorte de glissement constant, de vibration même, entre les deux. Il existe une relation constitutive entre le souverain et le monstrueux : les estropiés, les fous, les déformés, les fugueurs, qui sont alternativement, voire simultanément, sacrés, et en même temps profanes. Franz Steiner a par exemple montré comment dans de nombreuses sociétés libres (je préfère cette appellation aux sociétés « égalitaires » ou « simples » ou « primitives »), il y a un chef avec une grande maison centrale, et c'est la maison d'hôtes pour voyageurs mais aussi pour tous ceux qui n'ont nulle part où aller. Ainsi les veuves, les orphelins et les handicapés, les fugueurs d'autres villages, fuyant les crimes ou les querelles, s'y accumulent pour être pris en charge. Mais, comme le roi Shilluk se voit entouré d'une coterie de voyous qui n'ont nulle part où aller, les jeunes hommes, souvent des criminels, peuvent devenir une sorte de force armée et la base d'une sorte de pouvoir punitif.

Ou bien alors, l'inverse peut se produire et la charité devenir de l'esclavage. En Mésopotamie, les temples accueillaient les femmes orphelines ou handicapées qui n'avaient personne pour les soutenir et nulle part où aller, pour les nourrir et prendre soin d'elles en leur donnant de la laine à filer ou du tissu à tisser. Ces temples devenaient la base de ce que furent sans doute les premières usines. Mais quand les villes sont devenues plus belliqueuses et ont ramené des prisonniers au foyer, ils ont également été déposés dans les temples, et toute la main-d'œuvre a été transformée en esclaves.

Les origines de la prostitution – qui n'est pas le plus vieux métier du monde, contrairement à ce qui se dit – pourraient être le produit d'un processus similaire. Ce qu'on appelle « les prostituées du temple » étaient souvent au départ les femmes les mieux classées de la société ; c'étaient les épouses du dieu, certaines totalement chastes, d'autres officiant et participant à des rituels sexuels de toutes sortes. Mais progressivement, à mesure que les agriculteurs s'endettaient, les prêteurs (qui souvent étaient des prêtres ou du moins travaillaient dans l'administration du temple) enlevaient leurs fils et leurs filles en tant que créanciers, et beaucoup étaient placés dans les temples en tant que versions plus commerciales de la même chose. Des quartiers rouges ont commencé à surgir autour des lieux sacrés. Les « prostituées du temple » étaient donc alternativement les personnes les plus hautes et les plus basses de la société. L'une des choses les plus intéressantes concernant la montée des religions patriarcales est le rejet horrifié de ce système. Tels sont l'indignation et le dégoût qu'elles manifestent quand elles parlent de « Babylone » comme lieu de l'argent, mais donc, également, des putes.

MBK : C'est une question très profonde que tu poses, dans la mesure où toutes les techniques sexuelles existant chez l'être humain sont des imitations de l'acte reproducteur qui isolent l'aspect le plus vital de la chose, la jouissance pour elle-même, dans l'espoir de se débarrasser de l'aspect mortel de l'affaire. En réalité, cet aspect mortifère s'accroît aussi, et c'est ce que Freud a appelé pulsion de mort. C'est pourquoi il n'y a pas de boulimie ni d'anorexie chez les animaux ; l'imitation, par l'animal humain, des processus biologiques primaires comme la nutrition et la sexualité, entraîne à la fois des excès de toutes sortes et des manques de toutes sortes ; des jouissances qui n'existaient pas avant ces inventions imitatrices, mais aussi des souffrances qui surgissent avec ces processus d'imitation. C'est ce processus général que j'essaie de décrire à travers le concept de pléonectique.

DG : Tu devrais trouver les études sumériennes révélatrice à cet égard, si tu ne les connais pas déjà. Bien sûr, une grande partie est fragmentaire et reconstruite. Mais il est clair que la condition générale de la femme est en déclin constant au long de toute la période sur laquelle nous sommes documentés. Nous avons de sérieuses raisons de croire que, à l'époque néolithique naissante, les femmes ont été socialement prédominantes. À cette époque, le sexe procréateur était considéré comme profane, voire animal, pour exactement cette raison : c'est ce que font les animaux. Oral, anal, toute forme de sexualité non procréatrice était en retour considérée comme divine, précisément parce que c'était la poursuite du plaisir pour lui-même (comme forme de jeu, ou de liberté, si vous préférez) : ce que les animaux ne font pas. Je suppose que même le célibat de certaines grandes prêtresses était considéré comme « parallèle », une forme d'excès sexuel non procréateur.

Ce que tu dis alors, si je te comprends bien, c'est que la séparation du plaisir sexuel et de la procréation, qui en fait une abstraction, permet de le multiplier à l'infini – c'est la pléonexie. Pourtant, c'est précisément cet excès qui conduit (entre autres choses) à la commercialisation et à la réaction patriarcale puritaine : la mortification de la chair, l'obsession de la virginité, le crime d'honneur, la séquestration, en somme l'idée que seul le sexe procréateur est licite – ce qui provient exactement de la même région. Toutes ces pratiques puritaines sont aussi des jeux sexuels, bien sûr, mais en beaucoup plus sombre, cruel, violent.

Abandonner, désobéir, remanier

ATZ : Nous avons beaucoup parlé de dérapage, entre différents systèmes de valeurs, différentes répartitions et organisations du pouvoir, et du jeu nécessaire au processus de rotation entre eux.

DG : Oui, pour la majeure partie de l'histoire humaine, ces termes étaient instables et en mouvement, de telle manière que l'instabilité était précisément ce qui constituait la liberté. Ou, du moins, on peut prouver que c'était le cas.

Comme je pense l'avoir mentionné, lorsque David Wengrow et moi avons commencé à écrire notre livre, nous avons rapidement conclu que le problème de « l'origine des inégalités » était un problème insensé : en fait, parler de « l'inégalité » comme facteur uniforme dans la société humaine, celui que vous pouvez mesurer par le même coefficient de Gini de l'ère glaciaire à nos jours, est carrément bizarre.

Il y a tellement de meilleures façons de définir ce qui ne va pas dans le monde : capitalisme, patriarcat, pouvoir de classe, exploitation, domination… Se concentrer sur « l'inégalité » suppose une approche technocratique libérale pour résoudre les problèmes mondiaux. C'est dire : « eh bien, nous allons juste bricoler un peu avec les taux de revenus ! Des demi-mesures sont nécessaires car nous ne voudrions pas que tout le monde ait exactement la même chose – ce serait fou et totalitaire ». Le problème, en avons-nous conclu, n'était pas que certaines personnes aient plus de choses que d'autres. Le problème est qu'elles peuvent transformer leur richesse en pouvoir et inciter les gens à faire des choses qu'ils ne souhaiteraient pas faire autrement, ou créer un monde où certaines personnes sont informées que leurs désirs et leurs perspectives n'ont aucune importance.

L'une des raisons pour lesquelles les fables de « l'origine des inégalités » font sens pour nous, c'est que l'image mentale que nous avons de ce que sont les chasseurs-cueilleurs – et, par implication fausse, tous les humains primordiaux – sont comme les Mbuti, les Pygmées d'Afrique centrale, les Bushmen du désert du Kalahari, ou peut-être les Hadza d'Afrique de l'Est. Ils vivent tous en petits groupes égalitaires. Mais ces personnes ne sont pas vraiment typiques des chasseurs-cueilleurs historiques.

En 1901, au moment où Franz Boas effectuait ses recherches sur la côte Nord-Ouest ou Baldwin Spencer en Australie, les anthropologues n'avaient pas encore pour habitude de suivre les gens avec des chronomètres, de calculer leur apport calorique quotidien, ou de tout documenter sur film. Pourtant, à ce moment, ils étaient en contact avec une multitude de façons de vivre. Au moment où les « méthodes scientifiques modernes » sont arrivées, les seuls chasseurs-cueilleurs restants étaient ces minuscules populations, souvent des populations réfugiées, vivant dans des endroits où personne d'autre ne voulait aller – désert, toundra, etc. Tout à coup, il y avait des films et des informateurs célèbres comme Nai et Nisa. Tout cela a fait une énorme impression. Tout le monde a décidé que cela devait être ce à quoi ressemblait 95 % de l'histoire humaine. C'est la période où de nombreux anarchistes ont commencé à insister sur le fait que la « civilisation » était une terrible erreur et que nous devrions tous redevenir des chasseurs-cueilleurs, malgré le fait qu'ils étaient conscients que ce qu'ils proposaient avait l'inconvénient mineur d'impliquer une réduction énorme de la population mondiale, ce qui, bien sûr, soulevait certaines questions quant à l'identité de ce « nous ». C'était essentiellement une politique du désespoir : jetons tout, tout va s'écrouler de toute façon...

Wengrow et moi avons donc commencé à nous interroger : quels étaient les arrangements – en particulier les arrangements politiques – de la plupart de l'histoire humaine ? Nous ne pouvons pas savoir grand-chose sur ce qui se passait il y a 200 000 ans. Cette période est essentiellement une espèce d'écran sombre sur lequel les gens projettent leurs phantasmes mythologiques. Mais si vous commencez à l'ère glaciaire, par exemple, et que vous la comparez aux archives ethnographiques... Eh bien, l'une des choses les plus notables est que les gens changeaient complètement leurs structures sociales au cours de l'année.

Il y a un merveilleux article de Marcel Mauss, « Essai sur les variations saisonnières des sociétés eskimos. Étude de morphologie sociale », qui décrit ce genre de « double morphologie ». En été, les Inuits se dispersaient en petites bandes patriarcales, avaient des règles strictes de propriété privée et étaient sexuellement puritains. Mais en hiver, ils se rassemblaient dans des micro-villes où il y avait des accords de propriété communautaire et où ils se seraient adonnés à d'immenses orgies sous l'égide de Sedna, Maîtresse des Scellés... Il y avait une structure sociale différente à chaque période de l'année. C'était extrêmement courant. Les gens que Boas a

étudiés, au Sud des Inuits, avaient des noms différents à différentes périodes de l'année ! Ils devenaient littéralement quelqu'un d'autre. D'ailleurs,
l'un des rôles de la police des clowns était de punir
les gens pour avoir utilisé leur nom d'été en hiver.

Tout cela signifie que les gens étaient parfaitement
conscients du fait que la structure sociale n'est pas
quelque chose d'immuable : vous pouvez la changer, ce qui signifie que les gens étaient en réalité
beaucoup plus politiquement conscients que nous.

Stonehenge en est un autre exemple ! Les personnes qui ont construit Stonehenge étaient d'an-
ciens producteurs de céréales ayant renoncé à cette
culture pour se tourner vers la cueillette de noix, tout
en gardant les animaux domestiques. Cela semble
s'être produit dans l'ensemble de ce qui est devenu
les Îles Britanniques. Je me suis toujours demandé,
comment avaient-ils fait pour coordonner cela à
l'époque ? Les Îles Britanniques ne sont pas petites.
Pourtant, vers 3000 avant Jésus-Christ, il semble y
avoir eu un mécanisme suivant lequel tout le monde
a pu simultanément décider d'arrêter la culture des
céréales. Une chose que nous savons, c'est que les gens
qui habitaient près de Stonehenge n'y vivaient que
trois mois par an. Ces gens, dont certains venaient
d'assez loin, y séjournaient et effectuaient des rituels
de mi-hiver autour de leur monument géant. Durant
cette période, ils auraient apparemment eu un roi.
Puis, à la fin de la saison, ils se dispersaient en minuscules bandes avec leurs animaux pour le reste de l'année, ne vivant que de noix et de baies. Vraisemblablement, durant cette période, la famille royale vivait à
peu près comme n'importe qui d'autre. Le royaume
était assemblé et démantelé chaque année. C'est pro-

bablement à cause de cela que vous avez tous ces mythes fraizeriens sur les rois tués ou sacrifiés chaque année. La capacité à basculer ainsi d'une structure sociale à l'autre a permis aux gens d'imaginer qu'il est possible de tout réorganiser - adopter l'agriculture, abandonner l'agriculture – dans une mesure qui ne nous viendrait jamais à l'idée aujourd'hui.

Si cela est vrai, la question que nous devions nous poser n'était pas : « d'où venaient les inégalités sociales ? », mais : « comment nous sommes-nous retrouvés coincés dans une situation que nous ne pouvons pas démonter lorsqu'elle ne correspond plus à nos objectifs ? »

Il en reste un peu dans les festivals. Mayday, qui était l'équivalent britannique du carnaval au cours duquel vous subvertissez les structures sociales, a été le point de départ de la plupart des révoltes paysannes britanniques. Mais ce n'est que l'ombre d'arrangements antérieurs.

ATZ : Ce qui pose bien sûr la question de savoir comment on est « coincé » dans des structures fixes...

DG : Et, d'une certain façon, être « coincé » a une signification encore plus large : c'est coincé à un endroit, dans une structure et enfin, coincé dans des relations de domination que vous ne pouvez ni fuir ni ignorer.

Une question évidente, si nous abandonnons le terme « société égalitaire », est comment parler des qualités que nous admirons dans des sociétés sans État ou autochtones ? Qu'est-ce que les Mbuti et les Jivaro et les habitants saisonniers de Stonenhendge avaient en commun, pour autant qu'ils aient eu quelque chose en commun ? J'en suis venu à parler simplement de « sociétés libres ». Il me semble que s'il y a quelque chose que nous avons vraiment perdu, ce sont certaines libertés qui étaient de sens commun et qui semblent maintenant si exotiques qu'on peine à les imaginer.

J'énumérerais trois libertés de ce type, à titre provisoire (il est possible que la liste puisse être élargie ou affinée). Premièrement : la liberté de partir. C'est aussi la liberté de voyager. Une grande partie des gens vivant en bande de chasseurs-cueilleurs venaient d'ailleurs. Nous avons cette drôle d'idée qu'aux « temps primitifs » tout étranger serait considéré comme un ennemi et probablement tué. C'est faux. Là où il y avait des règles d'hospitalité élaborées, donc partout en Amérique du Nord, vous pouviez trouver des gens pour vous héberger. Au début, du moins, il n'y a aucun mécanisme pour exclure les personnes qui souhaitent simplement déménager (bien que, plus tard, dans de nombreux endroits, cela change aussi – « hôte », « otage » et « hostile » ont la même racine étymologique...). Donc, si tout le monde a la liberté de partir, il existe des limites aiguës à la création de relations sociales abusives.

Je me souviens avoir lu la conversation d'un anthropologue avec un ami de la Papouasie-Nouvelle-Guinée, qui lui demandait s'il admirait les libertés américaines. La réponse : « Pour être honnête, je pense que nous avons plus de libertés chez nous. Regardez cette colline là-bas, à quelques kilomètres. Chez moi, si je voyais une colline et que je voulais voir la vue du sommet, je pourrais simplement y marcher et grimper la colline. Ici, il y a mille raisons qui m'en empêchent. »

Il peut sembler un peu étrange de décrire la liberté de mouvement comme une forme de liberté – comme un droit tout court – car dans la plupart des sociétés où elle existe, personne n'en parle de cette façon. C'est nous qui utilisons ce type de langage. Nous parlons du « droit à la libre circulation » mais c'est illusoire, car le droit légal d'aller en Malaisie par exemple (ou plus difficilement encore, de passer de la Malaisie en l'Europe), ne signifie rien si vous ne pouvez pas payer le vol : beaucoup de migrants se trouvent endettés à vie et des choses atroces en résultent. Les sociétés qui permettent véritablement la liberté de circulation n'utilisent pas du tout ce lexique. Ils parlent plutôt de la « responsabilité de l'hospitalité ». En réalité, c'est l'obligation de prendre soin des étrangers qui offre la liberté de voyager.

La seconde liberté est la liberté d'ignorer les ordres. C'est peut-être la plus importante. Toutes les langues humaines ont une forme impérative, une façon de dire « se lever » ou « s'asseoir », mais pour la majorité de l'histoire humaine, ceux qui ont tendance à donner des ordres n'avaient aucun moyen de vous obliger à vous lever ou vous asseoir si vous décidiez de ne pas le faire. Les gens diront : « Kondiaronk n'est pas issu d'une société égalitaire – le Wendat avait tout un système de fonctions politiques, il était lui-même effectivement ministre des Affaires étrangères » et tout cela est tout à fait vrai. Mais il n'avait aucun pouvoir de contraindre quiconque à faire quoi que ce soit contre son gré. Les jésuites parlaient beaucoup de cela, de la façon dont les Indiens les taquinaient sans cesse parce qu'ils avaient peur de leurs supérieurs, alors que, disaient-ils, « nous charrions les nôtres ». C'est ce qui a fait d'eux un peuple libre. (C'est aussi pourquoi les personnalités politiques comme Kondiaronk devaient être si convaincantes.)

Fait intéressant : ils voyaient ce que j'appelle le « communisme de base », une certaine expectative d'entraide, comme l'élément essentiel de cette insistance sur l'autonomie personnelle puisque vous n'êtes pas libre de faire beaucoup de choses si vous êtes un mendiant dans la rue et si vous pouvez facilement vous retrouver à ne pas pouvoir refuser les ordres. C'est pourquoi de nombreuses anthropologues féministes préfèrent ne pas parler d'égalité des femmes mais plus de « l'autonomie » des femmes. La notion d'égalité est un peu floue dans nos sociétés où les hommes et les femmes ont un mépris amusé les uns des autres. La question est plutôt de savoir si les hommes sont en mesure, individuellement ou collectivement, de dire aux femmes quoi faire et d'interférer avec leurs projets.

Donc nous avons la liberté d'aller où bon nous semble et la liberté d'ignorer les ordres. Je dirais que la troisième liberté est celle de remanier l'ordre social entièrement, de façon saisonnière ou autre. Comme je l'ai dit, les changements de saisons permettent d'imaginer cela beaucoup plus facilement – c'est pourquoi les Osages ont pu impressionner Montesquieu à ce point. Dénués de celles-ci, nous sommes coincés de trois manières différentes.

ATZ : Mais alors comment avons-nous fait ? Cela semble avoir quelque chose à voir avec le pouvoir d'annihilation total des représentations capitalistes...

DG : Eh bien, cela s'est produit bien avant le capitalisme mais on peut dire que le capitalisme est la forme la plus élevée de tout ce qui a été coincé. Même s'il se présente généralement comme étant le contraire.

ATZ : Alors, quand commençons-nous à mettre en œuvre nos représentations si bien que nous ne savons plus comment nous en désengager ?

DG : C'est une pensée intéressante. Tu penses que c'est ce qui arrivé ? Voyons voir.

Eh bien, si on cherche des exemples où les représentations dépassent la réalité, ou où les fausses représentations deviennent puissantes et commencent à réorganiser la société autour d'elles, ce n'est pas si difficile à trouver. Quatre exemples me viennent à l'esprit.

Une chose que j'ai remarqué il y a longtemps, mais dont je ne savais pas quoi faire, c'était le fait que les auteurs médiévaux qui écrivent sur le politique présupposaient presque toujours quelque chose qui ressemble à un État-nation, alors même que rien de semblable n'était dans les parages. À l'époque, la majorité de l'Europe est organisée en formes incroyablement complexes de différentes sortes de souveraineté qui se chevauchent. Mais si vous lisez un roman médiéval, ou un conte de fées, ou un théoricien parlant de la nature du politique en termes théoriques, ils supposent presque toujours un prince unique qui exerce son pouvoir sur un territoire unifié.

C'est la même chose avec l'esclavage : même si, en réalité, vous avez des gradations infinies de vassalité, quand quelqu'un commence à parler de ces questions de façon abstraite, il a tendance à parler de maîtres et d'esclaves. Il parle du pouvoir comme s'il s'agissait d'une chose unitaire incroyablement simple, et ignore l'expérience vécue, où elle est infiniment subtile et où tout le monde négocie constamment les termes de la hiérarchie.

Un troisième exemple a à voir avec la pléonexie, à nouveau. Tout le monde la présuppose. Ou, pour être plus précis, tout le monde suppose la conception augustinienne de la nature humaine : nous sommes des créatures d'un désir infini et incorrigible, c'est notre punition pour avoir désobéi à Dieu, et nous serions tous en guerre les uns contre les autres si n'était pour la main ferme de la loi. Au Moyen Âge, tout le monde lisait Augustin, mais personne n'agissait vraiment de cette façon. C'est particulièrement clair dans le domaine économique. Personne ne poursuivait des projets d'accumulation illimitée. Comme à la plupart des époques et dans la majorité des endroits, les gens, commerçants inclus, opéraient avec des revenus cibles : ils avaient une conception de ce qu'il faudrait pour avoir une « bonne vie » et s'ils l'obtenaient, ils arrêteraient de travailler et « maximiseraient le temps de loisir », comme le dirait un économiste, pour profiter. De toute évidence, à un moment donné, certaines personnes ont commencé à transformer la théorie augustinienne en pratique. On peut se demander pourquoi. Weber a suggéré que cela avait quelque chose à voir avec le calvinisme : l'inquiétude du salut, le sentiment que c'était un péché de profiter de la vie… Peu à peu, de telles sensibilités se propagent : mais jamais à tout le monde. (C'est la raison pour laquelle il est si difficile de prendre un taxi sous la pluie, d'ailleurs : les chauffeurs ont tendance à travailler avec des revenus cibles eux aussi. Quand ils gagnent assez d'argent, ce qu'ils font rapidement s'il pleut, ils ont tendance à rentrer chez eux.)

Le quatrième exemple est moins médiéval. Je me souviens d'un essai de Pierre Bourdieu où il souligne que si vous regardez la théorie de l'État bureaucratique que l'on trouve chez Marx, Durkheim ou Weber, au moment de leur rédaction, ils se sont fondamentalement trompés. Cependant, avec le temps, leurs théories sont devenues de plus en plus vraies ; en grande partie parce que tous ceux qui dirigent les systèmes bureaucratiques ont suivi des cours à l'université où ils sont obligés de lire Marx, Durkheim et Weber.

Voilà, donc nous avons la souveraineté, la domination, la pléonexie et la bureaucratie… ah oui, il y en a un cinquième ! La propriété privée. L'une des choses qui me frappent toujours en Angleterre est à quel point le régime immobilier est bizarre. Personne ne sait vraiment à qui appartient la terre. D'un côté, il y a apparemment cinq ou six ducs et barons qui possèdent « réellement » tout Londres, mais en même temps pour chaque bâtiment il y a toujours quatre ou cinq prétendants avec différents types de droits : il y a le bail, la copropriété, la pleine propriété, toutes sortes de règles héritées du régime féodal. Alors je me suis dit : « Attendez une minute ! L'Angleterre n'est-elle pas censée être le premier foyer de l'individualisme possessif, des droits de propriété privée moderne détenus « contre le monde entier », où les gens s'imaginent leurs droits et obligations envers les autres en termes de droits de propriété exclusive ? » En fait, il n'y a pas de droits de propriété exclusive en Angleterre ! Peut-être en Écosse… mais à peine. La relation entre les représentations et la pratique est très différente de ce que nous imaginons.

Donc la question est : est-ce que la représentation simplifiée a fini par envahir la pratique complexe ? Ou fournit-elle simplement un modèle auquel on peut faire appel, au cours d'une lutte sociale par exemple ? Marshall Sahlins soutient bien sûr que toute la science économique est une version sécularisée de la théologie médiévale, avec certains termes inversés. Dans ce cas, la représentation simplifiée a gagné. La petite noblesse des propriétaires terriens britanniques, en revanche, a pu résister à une simplification similaire des régimes fonciers.

La théorie du Grand Homme et la nécessité historique

ATZ : Sur le chemin, je lisais le numéro spécial d'un journal qui proposait une rétrospective des grands penseurs de l'histoire. La manière que l'on a de raconter ces gens, enfin ces hommes, est en grande partie ce qui reste de la commémoration de ces « révolutions de bon sens » dont on a parlé. J'avais du mal à lire les sections qui suivaient celles où l'on doute de l'unicité de la personne, où l'on imagine qu'il pourrait en fait s'agir de plusieurs. Après ça, vous obtenez un ton proprement messianique qui dit par exemple que la pensée d'Heidegger a été tout bonnement originale et que, en l'attendant, nous étions tous assis dans notre ignorance.

DG : Eh bien, l'un des grands mystères de la vie humaine pour moi est le fait qu'une fois qu'un événement historique se produit, vous ne pouvez pas dire s'il devait se produire ou ce qui aurait été différent s'il ne s'était pas produit : la même chose se serait-elle produite dans un endroit différent deux semaines plus tard ?

ATZ : Voilà. Et puis il y a ceci : je suis née dans un bassin dans lequel toute cette pensée s'est déjà produite, tout cela existe déjà. Essayer de le démêler individuellement et chronologiquement pour chaque philosophe est intéressant à des fins de culture générale, mais pour certains c'est juste un effort de devoir « dissocier » des choses qui aujourd'hui semblent être du bon sens. De la même manière que quand mon père met les Rolling Stones et me dit : « Nous n'avions jamais rien entendu de tel Assia ! » et que je ne peux pas me le figurer.

DG : Et quand les gens qui ont écouté les Rolling Stones toute leur vie entendent la majorité de la musique pop des années 1950, ils n'arrivent pas à concevoir que des gens aient pu apprécier ça.

MBK : La temporalité de la philosophie est très spéciale. J'explique souvent quelque chose de très simple : pour conduire une voiture, vous n'avez pas besoin d'être mécanicien, et pour utiliser des concepts, vous n'avez pas besoin de connaître ou de lire de la philosophie. Le concept d'« idée » a été créé par Platon il y a deux mille cinq cents ans, mais vous n'avez pas besoin de le savoir maintenant pour avoir une idée. La plupart des gens utilisent aujourd'hui le concept de capitalisme sans avoir lu Marx, c'est la même chose avec Freud et l'ego...

DG : Ainsi, en ce sens, la philosophie a pu créer une série de révolutions mondiales au sens de Wallerstein, des transformations du sens commun. La question évidente est alors la suivante : la personne était-elle l'événement ou l'événement a-t-il produit la personne ? Nous ne pouvons pas savoir. Marx est un merveilleux exemple parce que de nombreux marxistes insisteront sur le fait que son travail réfute la « théorie des grands hommes de l'histoire », mais à une exception... (*Rires*).

MBK : Qui est ?

DG : Marx lui-même ! « Un homme à lui seul nous a montré qu'un homme seul ne peut changer le cours de l'histoire. » Comment cela peut-il faire sens ? Je me demande toujours si d'un point de vue marxiste la naissance de Marx était une nécessité historique.

MBK : C'est une question vertigineuse sur ce qu'est un événement.

ATZ : David, tu as évoqué les prophètes, les souverains et les fous. Donc peut-être est-ce le moment de nous en dire plus sur les prophètes.

DG : C'est très pertinent en ce qui concerne Marx. Je disais que les Nuer ont ce genre de pénombre de prophètes potentiels, des gens qui sont considérés comme fous ou du moins très étranges ; ils passent leurs journées à se parler à eux-mêmes et la plupart des gens les ignorent ; mais au moment où il y a une grande catastrophe, une peste, le danger d'une guerre généralisée, une invasion extraterrestre, ce sont vers eux que l'on se tourne pour résoudre des problèmes plus vastes que la communauté locale. On se demande donc si Marx, ou des gens comme lui, en étaient l'équivalent ? Si l'histoire avait pris une direction différente, aurait-il été un journaliste excentrique qui aurait fait partie d'un groupe politique fou qui comptait huit membres ? Ou peut-être un auteur de livres pour enfants ? Ou bien, si Marx avait été heurté par une voiture ou était mort de la scarlatine à trois ans, une personne dont nous nous souvenons en tant qu'écrivain pour enfants aurait-elle pris sa place ? Dans quelle mesure ses théories auraient-elles été différentes ? Devait-il à tout prix être allemand ou aurait-il pu être facteur indien ou instituteur au Nigéria ? C'est la grande question. Les théoriciens sociaux ne sont pas autorisés à se poser de telles questions, c'est presque tabou, donc c'est relégué à la fiction spéculative. Pour être considérés comme des professionnels, les spécialistes des sciences sociales doivent parler d'événements qui se sont déjà produits, d'une manière qui suggère qu'ils étaient entièrement inévitables, et, par implication, prévisibles – malgré le fait que, bien sûr, quand nous essayons de prédire des événements, nous nous trompons presque toujours.

MBK : Ma question est très simple : qu'en est-il du futur ?

DG : Eh bien, l'une des raisons pour lesquelles je passe autant de temps à réécrire le passé est que je suis convaincu qu'il est pour l'instant écrit de manière à nous empêcher d'imaginer un avenir viable. C'est pourquoi je persiste à ennuyer tout le monde en insistant sur le fait que le communisme existe déjà. Une chose que nous avons apprise dans le parc Zuccotti pendant Occupy est que les Américains sont en fait assez bons en matière de communisme. Ils ne sont juste pas très bons en démocratie. Ça, ils doivent l'apprendre. Évidemment, ce n'est pas du tout la conception que les Américains se font d'eux-mêmes.

De la même manière, je pense que nous avons écrit l'histoire de telle manière que les mouvements sociaux n'existent pratiquement pas avant les Lumières. Comme s'il avait fallu attendre que les philosophes aient écrit que l'action historique était possible pour que soudainement des révolutions commencent à avoir lieu. Ce n'est pas seulement idiot, c'est aussi très ennuyeux car cela signifie que vous avez les mêmes débats, que ça soit à propos de Cronstadt ou de la Commune de Paris ou de Barcelone en 1936, encore et encore et encore. C'est aussi très déprimant car ça signifie que les « vraies » révolutions ne sont possibles que depuis quelques centaines d'années, alors même qu'elles ont presque toujours échoué depuis. Mais si vous levez le voile des Lumières et imaginez qu'ils n'ont peut-être rien introduit de si violemment différent...

Eh bien, ce n'est peut-être pas une coïncidence si les mouvements révolutionnaires les plus créatifs des dernières décennies, les Zapatistes au Chiapas et le mouvement kurde en Turquie et en Syrie, ont été ceux qui se considèrent comme enracinés dans des traditions de révolte très anciennes.

MBK : C'est une idée très Walter Benjaminienne...

ATZ : Ah, et lui alors, s'il n'était pas mort... !

MBK : C'est une idée que Lacoue-Labarthe exprime très bien, dans une citation que j'aimerais vous lire : « [...] c'est dans une [...] tension entre le « très ancien » (l'oublié) et le « neuf » ou le moderne (l'à-venir) que nous nous sentons et savons exister. Nous ne croyons pas l'ancien liquidé ni le moderne périmé. [...] Nous serions plutôt enclins à penser l'ancien et le moderne comme l'un et l'autre – ensemble – inachevés. Non au sens où l'entend Habermas, évidemment. Mais au sens où, dans le programme accompli de l'un et de l'autre, il reste quelque chose d'inadvenu. »

Tu es très proche de sa pensée sur deux points : premièrement, dire que l'événement ne se produit pas ex nihilo, qu'il est toujours une conjonction d'élément préexistants ; deuxièmement, le fait de se tourner vers le passé pour créer de nouvelles possibilités.

DG : Pour moi, l'argument « postmoderne » est précisément celui qui refuse cela. Disons que vous « découvrez soudainement » un nouvel aspect du capitalisme : prenons le travail immatériel. Seule une infime partie de la valeur d'une sneaker Nike provient des matériaux et du travail qui ont été nécessaires pour l'assembler ; 95 % proviennent de la valeur de la marque, et celle-ci est produite non seulement par des annonceurs et des publicitaires, mais encore plus peut-être par des amateurs, des sous-cultures, des artistes hip-hop, leurs fans, des enfants qui jouent au basket dans la rue... Eh bien, que faites-vous de cette réalisation ?

Vous pourriez dire : « Attendez une minute, regardons l'histoire du capitalisme et voyons s'il se passe des choses que nous n'avions pas remarquées auparavant parce que nous ne nous rendions pas compte qu'elles étaient importantes », comme le travail que les femmes font même à l'époque de Wedgwood, créant le contexte culturel des marchandises. Ou vous pouvez dire : « il est clair que le monde a complètement changé en 1975 et que la théorie du travail sur la valeur ne s'applique plus », – et refuser de faire ce travail rétrospectif.

Dans ce sens, on pourrait même dire que le postmodernisme est un refus de la logique de l'événement. Si un événement réorganise votre sens de la réalité de sorte que tout, y compris l'histoire, soit différent, il vous « permet de voir », – comme le dit finement Assia –, des aspects de la réalité que vous n'auriez jamais remarqués ou même pu imaginer auparavant. Le mouvement postmoderne est un refus de faire précisément cela. Il dit plutôt : « ce que vous considérez comme un événement n'est qu'une rupture. Rien de plus. » *Ça* implique une sorte de présentéisme vertigineux qui simule le radicalisme, mais est en fait la mort de la politique.

C'est ce que j'essayais de faire avec les mouvements sociaux. Kondiaronk, l'homme d'Etat wendat qui a inspiré tant de penseurs des Lumières des générations qui lui ont succédé... Eh bien lui non plus ne sort pas de nulle part ! Si vous regardez l'histoire de l'Amérique du Nord, il y avait une civilisation urbaine centrée sur ce qui est maintenant East Saint Louis, vers 1000 après J-C. *Ça* s'appelait Cahokia. Nous ne comprenons pas vraiment ce qui s'y passait, mais cela ressemble beaucoup aux empires méso-américains, avec apparemment une sorte de système de castes, un sacerdoce héréditaire, des sacrifices humains… Il y a des preuves que des choses assez brutales se déroulaient jusqu'au moment où soudain tout s'effondre. Quoi qu'il en soit, on ne se souvenait pas de l'endroit avec affection : pendant des siècles, le cœur de l'ancien empire était complètement abandonné. C'était un peu comme la zone interdite de la planète des singes – personne n'y vivait. Cahokia est d'abord remplacée par de plus petits royaumes, mais ils s'effondrent également… quelques générations plus tard, des colons européens arrivent et trouvent ces personnes farouchement indépendantes vivant dans des républiques tribales de petite taille, fumant du tabac, buvant des boissons contenant de la caféine, traînant sur la place publique en se disputant sur la politique toute la journée. Certains sont rationalistes, et même freudiens avant l'heure, certains sont l'équivalent de hippies amoureux de la nature… Beaucoup, comme les Cherokees, ont des mythes qui disent : « Il était une fois des prêtres héréditaires qui nous rendaient misérables, violaient les femmes et se comportaient comme des tyrans ; et depuis, nous rejetons le principe du sacerdoce officiel et du dirigeant *héréditaire*. » Vous voyez ce que je veux dire ! Ce n'est pas comme s'ils avaient caché ce qui s'est passé. Pourtant, d'une manière ou d'une autre, les colons ne pouvaient l'accepter, et, à ce jour, la plupart des historiens supposent simplement que les peuples autochtones des régions boisées de l'Est étaient « comme ça » et l'ont toujours été. Alors qu'il était clair qu'il y avait eu des mouvements sociaux, vraisemblablement de toutes sortes, et que le rationalisme sceptique anticlérical qui avait tant frappé des hommes comme Lahontan était lui-même le produit d'une longue histoire de conflits politiques. Non seulement ça, mais cette pensée fut ensuite importée en Europe, avec en prime le tabac et la coutume de débattre de la politique autour d'un breuvage caféiné. Pourtant, nous sommes aveugles à tout cela. Donc, les Lumières viennent de mouvements sociaux antérieurs, et ont pour *héritage* de nous convaincre qu'avant les Lumières personne ne pouvait avoir un mouvement conscient de soi.

MBK : La mondialisation pose également la question de redécouvrir le passé pour le présent. Ce qui est nouveau, c'est la capacité de recréer le passé en une humanité multiple. C'est une question de survie. Il y a cinquante ans, les philosophes n'avaient pas les connaissances nécessaires pour affirmer cela.

DG : Pour affirmer quoi ?

MBK : Que le capitalisme est du suicide. Lorsqu'on étudie d'autres possibilités de vie en Amazonie, il ne s'agit pas simplement de dire : « vivons comme ça ». C'est dire quelque chose de très précis sur le monde, sur cette unification très abstraite mais concrète de notre monde sous le capitalisme, qui nous conduit non seulement à cette horrible vie que nous vivons, mais au suicide de l'espèce. Il est très important dans mon travail d'expliquer cette accélération.

DG : J'y ai pensé aussi ; ça fait un moment que l'on parle du « sens de l'Histoire » bien qu'il soit stupide de regarder la majeure partie de l'histoire comme si elle allait dans une seule direction. Pourtant, une chose que la mondialisation engendre est la possibilité de créer une mono-direction à l'histoire, ce qui n'était pas le cas avant. Nous avons donc créé une situation où ce que nous avions auparavant incorrectement projeté dans le passé devient peut-être vrai pour l'avenir.

ATZ : Encore une fois, ce n'est rien d'autre que nos représentations rattrapées par nos expériences !

DG : C'est vrai ! Bien sûr, la direction que nous semblons avoir prise pour l'instant est catastrophique, mais elle ouvre la possibilité d'en choisir d'autres.

MBK : J'interprète l'anarchie comme étant la déconstruction de l'unification de la représentation générée par l'idéologie capitaliste. C'est comme l'idée de Dieu... elle était là pour nous sauver et elle fait absolument le contraire. L'idée de déconstruire cette unité du capitalisme est d'inventer le multiple. Quand vous nous montrez différentes manières de vivre, vous inventez le présent et le futur.

ATZ : Je ne pense pas que nous ayons tant à inventer le multiple qu'à l'encourager là où il existe déjà. L'anthropologie, menée correctement, nous enseigne que la Grande Unification n'est jamais aussi réussie qu'elle s'imagine l'être. Reconnaître cela signifierait que nous mettions fin à la représentation qui fait souffrir les multiplicités réelles et vécues en les figurant comme des produits excédentaires « monstrueux ». Sous cet angle, je trouve qu'il y a un pouvoir rédempteur de l'anthropologie qui nous incite à prendre conscience de la pluralité qui existe déjà.

Théories du désir

ATZ : Tu as écrit sur le désir dans ton article sur la consommation, qui compte beaucoup pour moi. Et la pléonexie, bien sûr, c'est aussi le désir... Pouvons-nous évoquer un peu la théorie du désir ?

DG : Si tu veux. J'ai toujours peur que les miennes soient grossières. J'essayais dans ce texte de comprendre les différences entre deux conceptions générales. D'une part, le modèle de Platon qui est basé sur la faim : le « désir comme manque », ou comme négation d'une négation. On en arrive à la vision théologique de la condition humaine comme étant incorrigible dans un univers de pénurie. De l'autre, il y a la conception plus optimiste de la « vie qui se désire elle-même ». C'est la tradition vitaliste spinozienne, qui pourrait finalement dire que le désir est la liberté ou le jeu, l'expression des pleines capacités de la vie autotélique. Il est évident que cette dernière semble plus attrayante, mais il me semble que l'une et l'autre peuvent conduire à une guerre hobbesienne de tous contre tous, l'une plus économique, l'autre peut-être plus fasciste.

Où veux-tu aller à partir de là ?

ATZ : Suivre l'intuition qui me dicte que de retracer une histoire du désir nous ferait revoir nos théories de la valeur ?

DG : Aha ! C'est ambitieux. Mais digne d'intérêt. C'est parti pour un tour.

L'essai dont tu parles portait spécifiquement sur la notion de « consommation ». J'y questionne comment les défenseurs des théories que l'on a appelées « consommation créative » apparaissent dans les années 1980, et comment ils s'imposent dans le débat. C'est assez subtil, car cette théorie arrive en prétendant être une critique, mais en réalité elle institue ce qu'elle critique de façon très insidieuse.

Ça correspond à un moment précis du capitalisme : celui de la « segmentation du marché ». Fondamentalement, les publicitaires et spécialistes du marketing cessent d'essayer de créer un public de consommateurs homogène. Ils commencent à découper le public en groupes d'identité et à élaborer des stratégies spécifiques pour les cibler. Tous ces gens s'enrichissent en se vendant des « bibles » qui décomposent les codes postaux ou les indicatifs régionaux par orientation supposée du consommateur. C'est en partie en conséquence de ça que les spécialistes du marketing cessent de simplement embaucher des psychologues et commencent à embaucher des personnes formées à l'anthropologie. Et voilà que tout à coup on peut assister, au sein de la discipline, à une curieuse transformation morale où toutes les cultures sont définies comme des sous-cultures, comme des contre-cultures, comme des formes de résistance. Des articles sans fin réprimandent les anthropologues d'avoir méprisé et minimisé la créativité de la consommation.

La rengaine actuelle est la suivante : « Au début, nous parlions de la consommation avec les termes naïfs de l'école de Francfort qui veut que le capitalisme produit des désirs par stimulations artificielles, mais nous réalisons maintenant que la consommation est en fait une forme d'expression subversive. Si vous prenez vraiment au sérieux les gens de la classe ouvrière, vous devriez respecter le fait qu'ils adorent leurs voitures, leurs motos et leurs vestes en cuir... » Mais bien sûr l'arnaque est que, « au début », nous ne parlions pas du tout de consommation. Je n'arrive pas, de tête, à trouver un seul article anthropologique des années 1970 qui ait appliqué une approche « école de Francfort » à la consommation. Les anthropologues ont écrit sur les vêtements, la nourriture, les maisons, les fêtes, etc., mais pas en tant que choses que les gens « consomment ». En fait, ces « contestataires » importaient la notion de consommation dans un discours où elle n'avait jamais été présente auparavant ! Ils réinséraient les termes de l'économie politique tout en faisant semblant de critiquer la façon dont l'économie politique se faisait. Ce que j'ai commencé à questionner c'est : pourquoi la « consommation » ? Non seulement pourquoi devons-nous soudainement faire comme si quand une femme à Trinidad revêt un costume fou pour le carnaval, ce qui est intéressant c'est que quelqu'un a fabriqué les perles et le tissu ? Mais aussi, pourquoi devons-nous soudainement imaginer notre rapport au monde matériel, au plaisir et à la jouissance, à travers cette métaphore de la consommation de nourriture ?

Après tout, vous pouvez tout aussi facilement voir ce que nous appelons la « consommation » comme la production de personnes et de relations sociales, ou d'une douzaine d'autres façons. C'est pourquoi j'ai senti que je devais m'atteler aux théories du désir. Je venais de lire un livre d'un sociologue du nom de Colin Campbell intitulé : L'Éthique romantique et l'Esprit du consumérisme moderne, où il fait valoir que ce que le capitalisme vend vraiment aux gens, c'est du rêve. Il y a des limites matérielles, soutient-il, dans la mesure où vous développez l'hédonisme traditionnel : nourriture, sexe, drogue, musique (femmes, chansons et vin ; sex, drugs and rock n'roll, ou quelle que soit la variante locale). Il y a une limite aux choses que vous pouvez vraiment expérimenter avant d'être rassasié, il y a aussi des problèmes de logistique... Le capitalisme doit cependant se développer à l'infini.

Ce qui qui est drôle dans cette affaire c'est que Campbell n'a pas vraiment de problème avec tout ça. Il fait partie de ces rebelles des années 1960 qui s'est confortablement installé dans son travail universitaire et veut se convaincre que la vieille rhétorique anti-consommation est naïve. Alors il dit : « eh bien, la critique habituelle était que le capitalisme produit des fantasmes, c'est-à-dire que si j'obtiens ce vêtement, cette voiture ou ce dentifrice, ma vie devrait se transformer : je serai magnifique et tout le monde m'aimera ou du moins voudra coucher avec moi. Alors bien sûr, quand vous obtenez l'objet, vous êtes déçu. C'est un schéma dépressif classique et semble expliquer que les taux de dépression clinique augmentent toujours dans les sociétés de consommation prospères. » Eh bien, Campbell soutient que ces critiques manquent de bien-fondé. Ce que le capitalisme vous vend vraiment, c'est précisément le fantasme. En fait, les annonces, la publicité, le marketing sont des moteurs géants pour produire des rêves – ou du matériel pour rêver, « l'hédonisme auto-illusoire moderne » comme il le dit – qui peut en effet être étendu à l'infini.

C'était donc une prémisse divertissante et cela m'a incité à commencer à étudier les théories du désir. Sauf que dès que je m'y suis collé, j'ai réalisé que Campbell n'avait pas simplement tort, il avait tout pris à l'envers. Il suffit de regarder les théories médiévales du désir et de l'imagination, celles documentées par Agamben et Couliano, qui semblent remonter à la littérature médicale arabe et sont à l'origine de beaucoup de magie cérémonielle médiévale (et je dirais, à travers elles, les techniques de la publicité moderne, car ce ne sont souvent que des élaborations de techniques mises au point par des occultistes comme Giordano Bruno…). Ils ont simplement supposé que le véritable objet du désir était l'image : un fantasme plutôt qu'un objet matériel. C'est en partie parce que leur modèle de désir était l'attraction érotique. Évidemment, ils ont dit que le véritable plaisir était dans le désir ardent, l'anticipation, le fantasme… quand vous obtenez l'objet, il déçoit forcément, au moins en dernière instance. Ceux qui seraient obsédés par l'idée de saisir réellement l'objet de leur désir manquaient complètement le but. C'était d'ailleurs une forme de mélancolie. Du point de vue de la psychologie médiévale, le capitalisme de consommation serait en fait l'exemple d'une gigantesque dépression clinique.

Alors pourquoi cette obsession dans la consommation, non pas du sexe, mais de la nourriture comme modèle du désir ? En fait, j'ai trouvé Agamben utile ici aussi. Il a noté que la souveraineté était généralement conçue comme le pouvoir de vie et de mort et que comme la « vie » a peu de sens en dehors d'elle-même, nous disons que les choses sont vivantes essentiellement parce que nous pouvons les tuer. La chose suivante m'est venue à l'esprit : n'est-ce pas là le même paradoxe que dans notre conception de la propriété privée ? Parce que les deux sont définis en termes médiévaux comme une espèce de dominium, comme je l'ai déjà souligné, ils sont en quelque sorte la même chose. En droit romain, vous avez trois droits sur votre propriété – usus, fructus et abusus – le droit d'utiliser, de profiter de ses fruits et d'endommager ou détruire l'objet. Si vous n'avez que les deux premiers, vous avez juste l'usufruit, ce n'est pas vraiment le vôtre. Mais cela signifie que ce qui vous appartient vraiment, c'est votre droit de le détruire, de la même manière qu'un roi sait que quelqu'un est vraiment son sujet parce qu'il peut le tuer.

(Vous pouvez voir comme cela est totalement cohérent avec ce que je disais plus tôt : la forme paradigmatique de la propriété est en fait une personne, un esclave. Les propriétaires romains ont pu tuer des esclaves en toute impunité, ce qui, dans la plupart des traditions juridiques, est la seule ligne qu'ils ne sont pas censés franchir.)

Jusqu'ici tout va bien. Cela aide à résoudre certains des paradoxes de la propriété privée dont nous avons parlé plus haut, mais en introduit un autre : la seule façon de prouver que quelque chose vous appartient, que vous l'avez absolument, est de le détruire. Mais bien sûr, si vous le faites, vous ne l'aurez plus. Comment surmontez-vous le paradoxe ? Eh bien, la réponse est évidente. Vous pouvez manger la chose. C'est le seul moyen de détruire quelque chose et de l'avoir en même temps.

ATZ : Waouh, alors nous devons trouver des modèles de consommation tantriques !

DG : OK, je te charge de cela.

MBK : Pour poser la chose de manière provocante, dans un de mes livres avec Jean-Luc Nancy nous soulevons la question de la prostitution, qui est une sorte de consommation sexuelle immédiate. Et je pose à Jean-Luc la question du désir abstrait, pourquoi une prostituée ne peut pas jouir du prestige qu'elles avaient à Sumer ? Pourquoi Sacha Grey, une actrice porno qui lit Nietzsche et écoute Joy Division, n'a-t-elle pas la reconnaissance que l'on offre à un top-modèle stupide ?

ATZ : Déjà, tu ne sais pas que les top-modèles sont stupides.

Mais je suppose que c'est simplement parce que nous détestons celle qui détruit le désir abstrait en le matérialisant. Nous rêvons que les top-modèles deviennent des actrices porno et nous les aimons parce qu'elles ne le font pas.

MBK : Oui, mais ça demeure pour moi un mystère spéculatif.

DG : J'ai toujours aimé le point de vue de Baudrillard, selon lequel ce qui fascine c'est avant tout ce qui nous exclut radicalement au nom de sa propre logique ou de sa perfection intérieure : les chats, les narcissiques, les systèmes paranoïaques... Un mannequin n'a pas besoin de vous. Mais je suppose que je répète simplement le point de vue d'Assia.

Cela me fait penser à ce que tu as écrit, Mehdi, sur Deleuze et le sado-masochisme. Ce qu'amène Deleuze, c'est une ontologie du désir, mais où le désir n'est pas satisfait. C'est du moins le cas du masochisme masculin où l'orgasme est sans cesse suspendu. Et bien sûr, c'est ce qui se passait aussi dans le concept médiéval de l'amour romantique, la bien-aimée est une sorte de dominatrix, te testant et te tourmentant et c'est précisément cette frustration qui doit te procurer du plaisir sans jamais atteindre de soulagement. Tu écris très bien que si le désir est réel, sa réalisation est son inverse, l'orgasme est l'annihilation. J'ai trouvé cela remarquable, notamment parce que ça synthétise les deux théories : le désir comme manque et le désir comme vie.

ATZ : Il est intéressant que vous les conciliiez aussi bien parce que j'allais contester cette distinction, comme étant autre chose qu'un cycle ou une dialectique. C'est-à-dire non pas la vie ou le manque mais la vie-manque-vie. De la même manière, ce n'est pas vraiment la vie ni la mort, mais les cycles vie-mort-vie... le facteur induisant la dépression est simplement une myopie, plus chronique encore dans la vision « masculine ».

MBK : Cela me fait penser à ma question centrale dans Système du pléonectique, la question du désir illimité. Nous devons apprendre de l'imitation ; dans le sado-masochisme, ce qui m'intéresse, ce sont les techniques d'imitation. La découverte de Freud, et donc la raison pour laquelle il n'y a un inconscient que chez l'homme, c'est que la différence entre instinct et pulsion tient précisément à cette question de l'imitation. Vous n'avez ni boulimie ni anorexie chez les animaux. Lorsque vous imitez le processus animal de nutrition et de sexualité, vous le faites sans imiter la partie mortelle.

DG : Ce qui signifie qu'elle vous revient sous une forme encore plus excessive...

Je vais être honnête et dire que le travail de Mehdi est un vrai défi pour moi. Je suis un étudiant de Marshall Sahlins, donc j'ai été formé à voir le désir illimité comme une illusion théologique. Marshall a toujours insisté sur le fait que ce que nous avons appelé la civilisation occidentale était fondée sur une fausse idée de la nature humaine, qui remonte peut-être aux sophistes, de la conception des pères chrétiens du péché originel à la conception d'utilité par les économistes libéraux. Ce n'est que relativement récemment qu'un nombre conséquent de personnes dans le monde ont réellement commencé à agir de cette façon. Ton travail est une théologie séculaire remarquablement puissante qui embrasse l'idée de péché originel. Mais pas de péché contre Dieu – en fait, si je te comprends bien, le fait de créer Dieu était une partie intrinsèque du péché. Le pléonectique économique n'est donc qu'une manifestation particulière d'un aspect fondamental de ce qui nous a rendus plus humains, et qui est maintenant en train de détruire la planète.

Ce que tu sembles demander, c'est : est-ce qu'il y a quelque chose d'inhérent à l'appropriation humaine des lois de la nature (« appropriation techno-mimétique », écris-tu) qui signifie que toutes les sociétés sont hantées au moins potentiellement par ce type d'excès galopant, cet aspect démoniaque du désir humain ?

Il faut dire que ça se tient.

Comme je l'ai noté, ce sont souvent les sociétés les plus pacifiques et égalitaires qui tendent le plus à s'entourer de visions fantasmatiques d'horreur : la création de l'univers est généralement considérée comme une horrible affaire de sexe monstrueux, de merde, de vomissements de projectiles, de dieux filous extrêmement excessifs, de violation de toutes les frontières ; les forces cosmiques qui se débattent autour d'elles sont violemment folles... Alors oui, c'est comme si ceux qui avaient leur propre maison en ordre, l'avaient parce qu'ils sont très conscients des dangers pléonectiques. Est-ce qu'ils voient aussi de tels dangers liés à la capacité humaine des techniques d'imitation, à la façon dont tu parles de la vie humaine comme d'une parodie de la nature ? C'est plus compliqué. Il y a des cas où quelque chose de cet ordre à clairement lieu. Un de mes exemples préférés est le peuple des Piaroas, que l'ethnographe Joanna Overing décrit comme des maîtres de l'art de s'entendre, des gens qui mettent énormément de pensée (et d'humour ludique) pour assurer la paix et la liberté individuelle, une sorte d'idiosyncrasie bon enfant... Mais ils sont également convaincus que les techniques de civilisation, les arts culinaires, le tissage, la médecine ont été inventés par des bouffons cannibales au début des temps, et que la connaissance doit être transmise avec soin, car elle est liée à une folie destructrice.

ATZ : Je suppose que beaucoup de parents ressentent la même chose lorsque leurs enfants partent faire des études d'arts…

Graeber lit MBK et propose une dialectique à trois voies qui se termine par le soin

DG : Pourtant je me pose des questions, Mehdi, sur ta formulation de l'appropriation et de l'expropriation… ne serait-il pas préférable de parler de trois termes ? D'une part, nous créons ce monde idéalisé (de la science, de la métaphysique, de la politique…) dont nous imaginons alors qu'il génère la réalité. Parce que ce n'est pas vrai, nous nous retrouvons avec ce résidu monstrueux, et aussi avec les structures pléonectiques de l'excès, de la cupidité, du sadisme, de la terreur et de la souffrance. Comme tu le constates, rien de tout cela ne se produit vraiment avec d'autres espèces. Pourtant, cette création même de terreur et de souffrance crée également des relations de soin sans fin, qui n'existent pas non plus dans le restant du monde animal.

MBK : Oui, ça crée l'amour, qui est une chose fantastique. Mais quand tu es exproprié de l'amour, c'est la pire des situations possibles. Donc, pour le résumer en bref, c'est une lutte permanente, pas un pessimisme définitif...

DG : S'il s'agissait d'un pessimisme définitif, je suppose que nous n'aurions pas été attirés par nos travaux respectifs...

Et si nous y pensons comme une dialectique à trois voies : oui, comme tu le dis dans Algèbre de la tragédie, la génération de l'appropriation techno-mimétique, qui nous rend humains, crée à la fois un monde mathématique idéal et un dessous non reconnu, c'est vrai ; mais j'ajouterais que cela génère également une couche de soin et d'amour encore plus invisible, ce qui nous permet de survivre malgré tout.

À un moment donné du Moyen Âge, il y avait une guerre entre l'empire bulgare et les Byzantins. L'empereur byzantin a capturé dix mille soldats bulgares et les a systématiquement rendus aveugles. Sauf un sur cent, à qui il laissait un œil pour guider les autres. Tout était destiné à effrayer l'empereur bulgare et cela a fonctionné : lorsque le roi a vu ce qu'il s'était passé, il eut une crise cardiaque et en est mort. Ceci est un parfait exemple d'une espèce de sadisme pléonectique massif. Habituellement, on s'arrête là. Que s'est-il passé après ça ? Vraisemblablement, pour chacun de ces dix mille guerriers aveugles, quelqu'un – probablement une femme – a dû passer une grande partie de sa vie à prendre soin de lui. D'une manière ou d'une autre, ces gens-là sont toujours exclus de l'histoire.

Ce qui me frappe toujours dans l'atrocité violente, c'est l'inconcevable disparité entre la cause et l'effet. Il faut deux secondes pour crever les yeux de quelqu'un, ou utiliser un fer chaud, mais les effets durent des décennies. Et il faut une vie entière de plus pour prendre soin de la personne aveugle.

Art et atrocité

DG : Je continue aussi à penser à l'argument de Mehdi – dans un de tes livres, je ne me souviens pas lequel – à propos de l'art et des atrocités : que même au Moyen Âge et à la Renaissance, les thèmes artistiques se concentraient sur une violence extraordinaire, pas seulement des scènes de bataille, mais de torture (la crucifixion, l'écorchement de Marsyas...), de viol (les femmes Sabines, Leda et le cygne...). J'y pensais en visitant le manoir du XVIIIe siècle d'un aristocrate anglais qui est aujourd'hui un musée ; chaque table avait une petite statue en bronze ou en marbre, et je jure que la moitié d'entre elles étaient des scènes de viol ou de prélude au viol. Et je me souviens avoir pensé : seigneur, quel genre de personne pensait que ce seraient de beaux objets à avoir tout en sirotant du thé avec des amis, de la famille ?

Cela n'a certainement pas été vrai de tous temps et en tous lieux. Mais il m'arrive parfois de penser que de nos jours, la différence entre l'art dit bas et l'art dit haut a à voir avec son effet sur le public. Quand vous allez dans une galerie onéreuse, vous verrez des œuvres d'art qui font allusion à l'humour, mais elles ne sont pas vraiment drôles. Il y a des œuvres qui font allusion à la sexualité, mais elles ne provoquent pas d'excitation sexuelle. Tout cela se traduit sur un plan secondaire, cérébral. La comédie, l'érotisme, l'horreur ou le porno sont considérés comme des genres inférieurs.

Donc : si le travail en question vous affecte, c'est à un niveau beaucoup plus abstrait. Il va avancer quelque chose et vous devez prendre pour acquis que si cela vous surprend, vous charme ou vous amuse, cela fait partie de ce qui est avancé. Tout ça est évident, je suppose. Mais d'une certaine manière – et c'est peut-être moins évident – je pense que c'est également vrai pour les genres d'arts « bas ». Ils déploient la réaction qu'ils invoquent comme une sorte d'argument. Prenez les films d'horreur. L'horreur est un genre extrêmement chrétien. Il s'agit toujours de transgression et de punition : quelqu'un va faire quelque chose de légèrement mauvais ou stupide, ou peut-être est-ce simplement un adolescent morveux odieux qui se retrouve éviscéré. La peine semble tout à fait disproportionnée. Mérite-il vraiment cela ? Le message semble être que oui. Il est coupable. Tout le monde est coupable. Regardez-vous. Vous ne l'êtes pas ? Si vous n'étiez pas coupable, pourquoi êtes-vous assis ici à consommer cette merde sadique ?

Donc nous avons des genres « élevés » et « bas ». Le high art fonctionne comme une sorte de divinisation de l'abstraction financière, le low art comme une divinisation du consumérisme... Mais qu'en est-il avant que la révolution industrielle entre en scène ?

Ce qui était peut-être vraiment important, c'était d'établir le cadre lui-même. Avez-vous déjà lu Frame Analysis d'Erving Goffman ? Il rassemble tous ces exemples hilarants de troupes de théâtre au

XIXe siècle dans des petites villes qui doivent faire face à des spectateurs qui n'arrêtent pas de monter sur scène pour désarmer les acteurs qui sortent une arme à feu. Vous devez apprendre aux gens à ne pas faire ça.

Quelqu'un a écrit sur les montagnes russes (que d'ailleurs je déteste et ai toujours détesté, j'aimerais que le monde le sache) que ce dont il s'agit vraiment c'est la confiance dans la technologie. Si vous êtes dans un véhicule qui descend à une vitesse extrêmement rapide, eh bien, évidemment, votre instinct naturel c'est de faire quelque chose. Mais les montagnes russes créent une situation artificielle où la seule chose que vous pouvez faire en toute sécurité est de ne rien faire du tout, et le plaisir réside dans la remise totale de votre volonté à la compétence de l'ingénieur qui a conçu le parcours. La seule façon de survivre à cette expérience est de ne rien faire. Peut-être y a-t-il quelque chose de similaire dans les représentations artistiques de situations terribles. Elles évoquent également une volonté d'intervenir, mais dans une situation où c'est évidemment impossible. Peut-être qu'elles modélisent l'expérience de la passivité et vous l'enseignent.

MBK : Dans le cas de la tragédie, c'est la question de la participation. Dans les exemples que donne David dans son travail, la catharsis est toujours collective. Vous participez toujours, comme la tragédie pour les grecs. Alors, quand commence une forme d'art comme le football ? Tu as évoqué le cirque romain…

DG : Un autre « miroir laid » ! Les mêmes magistrats romains, la même élite sénatoriale qui a transformé les citoyens en lyncheurs lors des jeux de gladiateurs semble également avoir inventé des sports d'équipe fanatiques avec leurs équipes de chars (et je me rappelle toujours que « fan » est juste une abréviation pour « fanatique »). Les fans des équipes de chars romains étaient célèbres pour leurs émeutes régulières ; mais c'était une participation de second ordre. Et les « maux du factionnalisme » ont été dûment ajoutés à la liste des raisons pour lesquelles la démocratie serait un terrible système de gouvernement – et maintenant, bien sûr, ce que nous appelons « démocratie » est entièrement fondé sur le principe du factionnalisme, ce qui bien sûr n'était pas le cas avant. Là encore, les Romains étaient en quelque sorte les génies malins.

La différence entre la démocratie grecque et le système républicain moderne, qui a été rebaptisé « démocratie », ce sont précisément ces deux inventions : voter sur le sort des personnages héroïques, et le factionnalisme. L'un est sorti des gladiateurs et l'autre de la course de chars.

MBK : Le cirque n'est pas réellement participatif.

DG : Oui, c'est précisément la façon dont on commence à se retirer.

MBK : Les hooligans pensent qu'ils participent, mais c'est une forme laide de spectacle virulent. Si je peux le récapituler simplement, pour moi la vie civile est basée sur la limitation de la chose, qui n'est plus un instinct de prédateur, mais une pulsion de meurtre. L'art donne une catharsis à ce fait.

ATZ : Y a-t-il une bonne et une mauvaise catharsis, David ?

DG : Je suppose que la question doit être : est-ce que l'expérience de voir quelque chose d'horrible sur un écran, quelque chose sur lequel vous ne pouvez intervenir, est finalement une légitimation de l'horreur ? Peuvent-ils nous renvoyer la catharsis au visage et dire : « le fait que vous appréciez la douleur des autres signifie que vous êtes une mauvaise personne comme tout le monde, c'est pourquoi ils méritent la douleur. » La catharsis peut-elle être utilisée pour justifier cela ?

MBK : La question de la fonctionnalité de la catharsis, je pense, doit être traitée au cas par cas selon les artistes…

ND : Je ne pense pas que ce que David décrit comme étant une mauvaise catharsis soit vraiment de la catharsis, du moins de la façon dont je la comprends. Le concept de catharsis vient, après tout, de l'Athènes démocratique, où, comme tu l'as souligné Mehdi, la tragédie était participative. Le cirque romain est comme le film d'horreur, il n'essaie pas de « purifier » quoi que ce soit. Bien au contraire.

DG : Il est plutôt destiné à vous faire vous sentir sale après.

ND : Lorsque j'étudiais l'histoire du théâtre à Leningrad, mon professeur, Vadim Maximov, avait une théorie de la catharsis qui était finalement dérivée de Lev Vygotksi qui (si je me souviens bien !) était en fait très similaire à l'argument de Lacoue-Labar-the selon lequel la catharsis d'Aristote et la dialectique de Hegel sont finalement la même chose. Cela m'a fait une énorme impression à l'époque. Maximov a soutenu que la vraie catharsis est toujours la synthèse parfaite de la forme pure et de l'affect pur. Au moment où les deux deviennent indiscernables, c'est le moment où vous pouvez parler de purification, qui est la même chose que l'absolu de Hegel. C'est par définition au-delà de la morale ; on ne peut pas parler de « bonne » ou de « mauvaise » catharsis.

DG : D'accord, mais je suppose que la question est la suivante : existe-t-il des formes populaires qui réalisent quelque chose comme la catharsis dans un sens participatif ? (Après tout, si nous parlons de formes d'art limitées uniquement aux riches, cela n'a guère d'importance, leur existence même est exclusive.)

Que pensez-vous de la chose suivante : il y a un livre intitulé Hommes, femmes et tronçonneuses : le genre dans le film d'horreur moderne, de la théoricienne féministe Carol Clover, où elle fait une interprétation ingénieuse des films gores. Normalement, les films gores sont considérés comme les plus nuls des films d'horreur, juste de la merde absolue. Elle souligne que tous les films gores ont la même structure de base : vous commencez par des prises de vue du point de vue du monstre, qui tue une série de femmes (sexualisées), mais à mi-chemin du film, il passe au point de vue de ce que l'on appelle le personnage de la « dernière fille », un garçon manqué, qui se bat et qui après de nombreux essais et tribulations tue finalement le meurtrier. Clover note qu'il est facile de se moquer de ces films, mais vous devez également vous demander : quel est leur public ? Eh bien, dans une écrasante majorité, les adolescents : c'est-à-dire les gens qui passent d'une position féminisée et passive d'enfants à une position masculine dominante dans la société, tiraillés et mal à l'aise entre les deux. Donc, vraiment, les films parlent de tuer la part féminine de vous-mêmes, puis de tuer ce qui a tué la part féminine de vous-mêmes, afin d'atteindre un équilibre parfait. C'est de la catharsis ?

ND : Eh bien je ne sais pas. Je n'ai jamais vu un de ces films...

DG : Moi non plus, ils sont horribles.

ND : Mais le truc, avec des genres comme ça, est-ce que ce n'est pas que vous regardez la même histoire encore et encore ? Donc, en tant que catharsis, ça n'a pas vraiment fonctionné, dans le sens où cela ne vous libère pas du problème. De plus, cela ne crée aucun cadre pour la communauté, bien au contraire : si cela vous prépare à la virilité, de quel genre de virilité s'agit-il ? De rester assis dans une cabine ? Si vous êtes constamment coincé dans le même drame qui ne finit jamais, ce n'est même pas une tragédie, c'est juste un goulag. Ce n'est pas une bonne œuvre d'art. C'est juste une mauvaise situation.

Vampires, cultes, hippies

MBK : Pourquoi y a-t-il tant de serial killers aux Etats-Unis ?

DG : Y en a-t-il tant que ça ? Il m'a toujours semblé que les États-Unis créent beaucoup plus de représentations de tueurs en série que de vrais tueurs en série...

MBK : Et ils ne représentent que des hommes ! Alors qu'il y a aussi beaucoup de tueuses en série. La différence est seulement que les hommes ne tuent que des inconnus, tandis que les tueuses en série s'en prennent toujours aux gens qu'elles connaissent.

DG : Je ne suis même pas sûr que l'Amérique détienne la couronne. Je me souviens avoir jadis recherché une liste des tueurs en série les plus prolifiques du monde, et j'ai été assez surpris qu'aucun des dix premiers ne soit américain : le plus grand pays par nombre de victimes semble être la Colombie, et la Russie et le Brésil entassent un nombre significatif de cadavres aussi. Bien sûr, cela pourrait avoir à voir avec une application un peu plus efficace de la loi aux États-Unis.

Mais tu as raison, les tueurs en série paraissent revêtir une certaine importance pour le sentiment de soi américain. Cela doit avoir quelque chose à voir avec la pléonexie, la conception de la liberté détraquée. C'est-à-dire, l'idée d'un pays fondé sur la liberté, mais où finalement la liberté est formulée en termes économiques, comme réalisation rationnelle de désirs finalement irrationnels, la « poursuite du bonheur » comme l'a dit Thomas Jefferson.

Les vampires ne sont définitivement rien d'autre. Les vampires sont les monstres modernes ultimes. J'ai lu une fois un argument selon lequel Dracula concerne vraiment l'échec de la Révolution française. Après tout, la Révolution était censée avoir tué tous ces aristocrates sanguinaires qui vivent dans des châteaux, de manière à ouvrir la voie à une sphère d'égalité, de fraternité et d'intérêt commercial éclairé. Il n'y a qu'un seul problème. Le comte refuse de rester mort. Il revient sans cesse. Pourquoi ? Eh bien, l'implication est évidemment : nous ne voulons pas vraiment qu'il meure. Nous le désirons. Parce que le désir est essentiellement sadomasochiste. Tout cela est vrai (je veux dire, l'interprétation est vraie – je ne pense pas que le désir soit intrinsèquement sadomasochiste) mais j'ajouterais un autre élément : le vampire est une figure de contrôle et de pouvoir. Sous cet angle, les vampires sont à l'opposé des loups-garous : les vampires contrôlent d'autres créatures, les chauves-souris et leurs serviteurs hypnotisés, tandis que les loups-garous ne peuvent même pas se contrôler eux-mêmes. Mais finalement tout cela n'est qu'une illusion ; les vampires ne peuvent pas se contrôler non plus ; ils sont esclaves du désir totalement illimité de sang. Ils se développent géométriquement, donc cela n'a aucun sens, pas plus que le capitalisme n'en a.

ATZ : Comment ça, ça n'a aucun sens ?

DG : Eh bien, le nombre de vampires devrait géométriquement augmenter, et puisque tous ces vampires ont un besoin illimité de sang, tout le monde finirait par être un vampire. Vous devez donc trouver une raison pour laquelle ce n'est pas le cas. Chaque écrivain de vampire doit résoudre ce problème logique. Vous avez donc ce modèle de croissance fondamentalement irrationnel, qui est le capitalisme.

MBK : Je suis très impressionné.

DG : La partie sur la Révolution française n'est pas de moi, c'est de quelqu'un du nom de Mark Edmundson. Donc, vous pourriez dire que votre tueur en série mythique est une laïcisation de cela, en ce sens que les vampires sont tout à fait systématiques et rationnels, – dans la mesure où ils sont méthodiques, et ils doivent l'être au moins dans une certaine mesure sinon ils se feraient attraper –, mais ils sont finalement fondés sur ce désir illimité inarticulé, qu'ils ne peuvent pas arrêter. Peut-être – j'improvise ici – que si le vampire est une figure romancée du capitalisme, le tueur en série, le monstre moderne du cinéma qui existe réellement, est une figure de l'État.

MBK : Donc, au sujet de l'anarchisme et de la catharsis et de tout ça, nous avons le début d'une réponse ! Il est parfaitement clair que lorsque vous avez une petite société, vous n'avez pas de tueur en série... C'est le résultat d'une maximisation.

DG : Eh bien, il y a aussi le fait que dans une petite société, un tueur en série serait beaucoup plus susceptible de se faire prendre. Mais oui, c'est une question d'échelle, d'abstraction, d'excès...

ATZ : Comment ça a commencé aux États-Unis ?

DG : Je ne suis toujours pas sûr que ça ait vraiment commencé ! Enfin, tu veux dire la glorification des tueurs en série ou l'apparition de véritables tueurs en série ? Je suppose que le premier véritable tueur en série moderne est Jack l'Éventreur. Vous n'avez rien de tel aux États-Unis jusqu'à... quoi ? L'Étrangleur de Boston ? Ensuite, il y a eu toute une série d'autres choses sans précédent dans les années 1960 : la fusillade de 1966 à l'Université du Texas, par exemple, un ex-soldat de la marine monte dans une tour avec un fusil et essaie de tuer le maximum de personnes possibles...

ATZ : Le cas Sharon Tate est à la fin des années 1960, n'est-ce pas ?

DG : Oui, oui, le meurtre cultuel. C'était une autre nouveauté. Les gens ont dit que cela a marqué la mort du flower power, « maintenant nous voyons où ces trucs hippies mènent vraiment », etc. Bien sûr, comme nous l'avons appris depuis, ce massacre était vraiment très exceptionnel. Si les membres d'une secte minuscule vont tuer qui que ce soit, ça a tendance à être eux-mêmes.

Mais c'est vrai que ça a complètement détruit l'image hippie, non ? J'ai remarqué, lorsque je faisais mon ethnographie de l'action directe, que la plupart des militants se placent le long d'un continuum entre punk et hippie, mais personne n'admet plus être hippie. C'est toujours un peu surprenant quand on voit des films des années 1960 et que les gens disent : « oui, je suis du mouvement hippie ! »

L'ironie, c'est que la famille Manson essayait en fait de déclencher une guerre raciale – ce qui, selon eux, se terminerait par des Noirs tuant des Blancs non hippies. À ce moment-là, la famille Manson devait sortir de sa cachette pour régner sur eux comme une nouvelle caste de détenteurs d'esclaves. Il est donc un peu étrange de prendre ça comme reflet de la rébellion contre-culturelle. En fait, c'est plus une histoire sur la pathologie centrale de l'Amérique elle-même, un pays fondé sur de grands crimes (génocide, esclavage...), qui n'a d'autre substance que le droit mais qui se représente en quelque sorte comme une lumière pour les nations, un modèle de rédemption. Quand il n'arrive plus à cela il semble simplement descendre dans le nihilisme pur.

Je pense que c'est ce qui s'est passé. L'Amérique avait l'habitude de représenter l'avenir du monde, bien que personne ne sache exactement quel genre d'avenir et comment. Cela n'avait pas d'importance ; l'avenir est intrinsèquement mystérieux. Maintenant, elle est coincée entre une extrême-gauche essayant d'établir une sorte de social-démocratie, et une extrême-droite essayant de créer un nationalisme racialisé par le sang et le sol. Soit, deux choses que la plupart des pays du monde avaient déjà il y a cinquante ou cent ans. Je pense que la chose vraiment importante n'est pas l'émergence des tueurs en série – qui ne sont que des vampires sécularisés – mais plutôt dans les années 1980, lorsque vous voyez pour la première fois des fusillades dans les lieux de travail et dans les écoles. Elles sont aujourd'hui si courantes que la plupart d'entre elles ne sont même pas signalées. C'est comme si l'Amérique vivait une sorte d'insurrection nihiliste, les massacres se produisant tous les jours et le taux des victimes étant celui d'une guerre civile ; sauf qu'on ne sait pas quels sont les camps.

Utopie

ATZ : Je voudrais que nous abordions quelque chose que nous avons évoqué indirectement : la question de l'utopie.

MBK : C'est un livre sur David, donc je le laisse répondre !

DG : Ah bah merci !

MBK : Non mais pour moi, l'utopie ce sont les jeux. On peut passer de là à la question de politique, qui consiste à imposer des règles scientifiques. Je pense parfois que c'est pour ça que les staliniens disent toujours qu'être anarchiste mène au fascisme, car sans loi, c'est tout ce qu'il reste : les purs rapports de force. Pour eux, le fascisme est le fantôme spéculatif de l'anarchisme.

DG : Pour les libéraux aussi, malheureusement. Norman Cohn a, dans La Poursuite du millénaire, une célèbre description de Thomas Müntzer et des anabaptistes. Il décrit comment un mouvement qui commence comme une rébellion radicale anti-autoritaire dégénère et se transforme en mouvement absolument totalitaire. C'est souvent présenté comme métaphore de ce qui arriverait nécessairement à l'anarchisme. Si vous parlez à un léniniste ou à un stalinien d'anarchisme, ils essaieront presque invariablement de faire la même remarque en citant un essai de Jo Freeman intitulé La Tyrannie de l'absence de structure. Freeman était une organisatrice féministe dans les années 1970 et à l'époque, les groupes de sensibilisation féministe étaient pour la plupart explicitement anarchistes dans leur organisation. Mais leur idée de l'anarchisme était : pas de structure formelle, pas de règle. Improvisez simplement dans un esprit de fraternité. Le résultat, a-t-elle souligné, est généralement que vous finissez par avoir des cliques de leadership officieuses : un petit groupe de personnes qui auront des affinités (toutes les lesbiennes, ou toutes les non-lesbiennes, ou toutes les personnes issues de milieux riches, ou celles qui sont toutes allées au même lycée, ou celles qui ont déserté le même groupe masculin) qui finit par tout diriger. Les léninistes citent toujours cela pour affirmer que les structures de leadership sont inévitables. De là, ils soutiennent que si vous n'en avez pas de formelles, vous en obtiendrez une informelle, basée sur le contrôle de l'information etc. Il est donc, selon eux, préférable de les formaliser et de créer un comité de pilotage qui opère selon des règles claires et transparentes, plutôt qu'informelles et inexplicables. Bon. On se demande quel essai ces gens ont lu, ou s'ils ont réellement lu l'essai de Freeman, parce que ce n'est pas du tout ce qu'elle dit. Elle termine en fait l'essai en disant qu'il est crucial de créer des règles et des processus clairs, conçus pour empêcher l'émergence de structures de leadership, officieuses ou officielles. Toute l'obsession anarchiste américaine pour le « processus » remonte vraiment à cela. En fait, il y a une façon très simple de savoir si vous êtes ou non dans une réunion anarchiste (et par anarchiste ici, je ne veux pas nécessairement dire Anarchiste avec un grand « A », mais ce que j'appellerais l'anarchisme avec un petit « a », qui suit les principes anarchistes quelque nom qu'il se donne par ailleurs). Les anarchistes vont avoir tendance à favoriser un système où il y a au moins deux modérateurs d'identité de genre différente qui ne participent pas directement aux propositions et qui ne tiennent pas ce rôle à deux réunions d'affilées.

Et à partir de là, ça se construit. Comment s'assurer qu'il n'y a pas monopole de l'information ? Comment équilibrez-vous le consensus et les principes de la majorité ? Comment gérons-nous la relation entre les petits groupes et les grands groupes de travail ? Vous voulez maximiser l'initiative individuelle ascendante tout en vous assurant que tout le monde peut intervenir dans les décisions qui les affectent. Ce que je veux dire, c'est simplement qu'il y a une longue histoire du processus anarchiste qui consiste à résoudre ces problèmes, et les gens l'ignorent et disent : « eh bien, la chose évidente à faire est de prendre ces cliques informelles et inévitables et de les officialiser. » Je suis convaincu qu'il s'agit là d'une impulsion esthétique. Après tout, pourquoi vaut-il mieux avoir une clique autoritaire reconnue, avec des pouvoirs explicites, qu'une clique informelle ? Soi-disant, parce que si ces premiers abusent de leur pouvoir, on peut les rappeler à l'ordre plus facilement. Mais il suffit d'y réfléchir quelques instants pour se rendre compte que ça n'est pas vrai. Et en fait, il existe très rapidement une panoplie d'outils

à leur disposition pour qu'on ne puisse plus intervenir. Alors qu'une clique informelle, contrairement
à cela, agit illégitimement lorsqu'elle s'accapare du
pouvoir et il est bien plus aisé de le lui faire remarquer. Lorsque vous poussez les gens sur ce point, ils
sont souvent prêts à admettre que leurs objections
sont finalement esthétiques, et donc utopiques. Il
est tout simplement peu recommandable d'embrasser l'idée de pouvoirs non reconnus. Mieux vaut au
moins prétendre que vous avez un système totalement transparent même si vous savez parfaitement
que c'est impossible.

Je suis convaincu que c'est l'une des raisons pour
lesquelles l'anarchisme fonctionne si bien. On n'y
maintient pas cet idéal de perfection, que si tout le
monde suivait simplement les règles, tout irait bien.
Cela suppose un peu de souplesse. Par exemple, les
kibboutzim, ou d'autres collectifs qui ont fonctionné
avec succès sur des principes directement démocratiques, l'ont fait parce qu'ils n'insistaient pas sur la
pleine participation. Alors peut-être qu'un tiers seulement des membres se sont présentés à la plupart
des réunions. Et alors ? Certaines personnes sont des
accros du processus et apprécient réellement les réunions, et vous pourriez conclure que c'est injuste,
cela signifie qu'elles avaient le pouvoir, mais les
personnes qui se sont présentées opèrent avec la
connaissance que si elles faisaient quelque chose qui
mettait quelqu'un en colère, cette personne com-
mencerait à se pointer pour remettre les choses à son
goût. C'est pareil que la clique informelle que l'on
rappelle à l'ordre.

En fait, je trouve ironique qu'une des accusa-
tions standard contre l'anarchisme est qu'il aurait

une confiance naïve dans la nature humaine. Mais les anarchistes ont toujours répondu : « Non, c'est vous qui avez une confiance naïve dans la nature humaine ! Vous pensez que vous pouvez faire de quelqu'un un magistrat avec droit de vie et de mort sur les autres êtres humains, et qu'il restera juste et impartial ! C'est absurde. Vous ne pouvez tout simplement pas donner aux gens un pouvoir arbitraire sur les autres et vous attendre à ce qu'ils n'en abusent pas. »

C'est un autre point que je souligne toujours à propos de l'anarchisme et de la nature humaine : les gens insisteront : « mais certaines personnes seront toujours des connards égoïstes qui ne se soucient que d'eux-mêmes ». Il y aura sans doute encore des gens qui sont des connards égoïstes dans le monde, même dans une société sans État, mais au moins ils ne seront pas aux commandes d'armées, ce qui, pour moi, est une amélioration.

ND : Entendu en ce sens, l'anarchisme est une anti-utopie ?

DG : Oui. C'est profondément accepter les gens tels qu'ils sont.

Vous pouvez également définir l'anarchie comme le rejet absolu de toutes les formes d'intimidation (bullying – entre l'intimidation et le bizutage). L'une des choses les plus difficiles que j'aie eues à écrire a été un article sur l'intimidation pour The Baffler – je suppose que cela touchait des traumatismes très fondamentaux de l'enfance auxquels je m'étais juré de ne pas penser. La conclusion ultime était que lorsque nous recherchons la faille critique de la nature humaine, nous cherchons probablement au mauvais endroit : vous trouverez un million d'essais demandant pourquoi les gens sont méchants, pourquoi ils ont une volonté d'humilier et de dominer les autres mais on ne questionne que rarement la raison pour laquelle les gens qui ne sont pas toutes ces choses, des intimidateurs ou des sadiques, se taisent ou trouvent des excuses pour ceux qui le sont. Parce que si vous y réfléchissez, combien d'entre nous sont de véritables sadiques ? Même si seulement 1 % de la population a le potentiel d'être de véritable intimidateurs malveillants, il semble parfois que 97 % ne soient pas prêts à l'admettre, du moins publiquement.

J'ai passé un certain temps à parcourir des études psychologiques sur l'intimidation dans les cours d'école et ce que j'ai découvert, c'est que la plupart d'entre nous opérons avec toute une série d'idées fausses à ce sujet. Tout d'abord, tout le monde suppose que si vous tenez tête à un intimidateur, vous serez juste attaqué vous-même. En fait, ce n'est pas vrai, les intimidateurs ont tendance à s'appuyer sur la complicité du public – si quelques enfants lui disent « hé pourquoi tu t'acharnes sur cet enfant », ou désapprouvent d'une quelconque autre manière, ils s'arrêtent généralement de nuire. Deuxièmement, les intimidateurs ne souffrent pas d'une faible estime d'eux-mêmes ; ils se considèrent généralement comme tout à fait dans leurs droits en faisant respecter les normes sociales contre la faiblesse, l'effémination, l'incompétence, etc. Et d'ailleurs, puisque les professeurs les laissent souvent s'en sortir et que la victime n'a pas le choix de la fuite, d'une certaine manière c'est le rôle social qu'ils occupent réellement. S'ils agissent comme de petits cons odieux, ce n'est pas par manque de confiance en eux, mais parce qu'ils sont d'odieux petits cons. Enfin, ce qui garantit qu'une personne sera choisie comme cible n'est pas nécessairement qu'elle est soit intello ou grosse – du moins, cela ne vient que plus tard – au début, c'est parce qu'elle résiste inefficacement. S'ils ne rencontrent aucune résistance, les intimidateurs cessent généralement ; si la cible riposte efficacement, l'agresseur cesse évidemment aussi... Mais s'ils font une démonstration initiale de résistance puis s'enfuient, ou pleurent et menacent d'appeler leurs parents, alors ils sont marqués comme du parfait matériel victimaire.

Ce dernier point est crucial, je pense. Je me souviens encore à l'école primaire d'un gamin méchant qui venait m'attaquer chaque jour, sans cesse, de manière toujours conçue pour tomber pile sous le radar des autorités : un jour je n'ai plus pu le supporter et je l'ai renversé dans le couloir et, bien sûr, c'est moi qui ai eu des ennuis. Le même schéma se reproduit à tous les niveaux de l'oppression systémique : classe, race, sexe. On pousse l'autre à bout par petits coups, par petites phrases amoindrissantes, dosées parfaitement pour que si quelqu'un s'en indigne, leur indignation semble disproportionnée.

Cela ne fonctionne que parce que l'écrasante majorité des spectateurs a laissé cela se produire. Les études psychologiques montrent que les enfants qui sont des spectateurs ont tendance à détester à la fois l'intimidateur et la victime. Cela me semble être tout à fait juste. L'instinct, en voyant de telles choses, semble toujours être d'assimiler l'intimidateur et la victime et d'essayer de les isoler dans une bulle de conflit réciproque. Vous voyez cela sur les réseaux sociaux tout le temps ; je l'appelle le « phénomène du « ça suffit maintenant tous les deux ». Quelqu'un vous attaque, vous l'ignorez. Il attaque à nouveau, vous l'ignorez à nouveau. Ça dégénère. Vous essayez de surmonter la situation gracieusement. Vous signalez peut-être même ce qui se passe mais personne n'en prend compte. Cela peut arriver 25, 35 fois et personne ne dit un mot. Enfin, la trente-sixième fois vous répondez, une demi-douzaine de spectateurs sautent instantanément pour dire : « regardez ces deux idiots se battre ! » Ou « pourquoi ne pouvez-vous pas vous calmer et essayer de comprendre le point de vue de l'autre », ou, même, insister sur le fait que votre réponse trop exaspérée est beaucoup plus répréhensible que les 36 attaques non provoquées.

D'ailleurs, les trolls sur Internet fonctionnent de la même manière.

Ce mécanisme est très clairement visible en cas d'atrocité de guerre. Si un groupe commence à en massacrer un autre, il y a tellement de gens dont la première réaction sera de rechercher des preuves, n'importe quelles preuves, qui leur permettront de prétendre que les victimes sont également responsables d'une sorte d'atrocité. Et si vous cherchez suffisamment, vous obtiendrez presque toujours quelque chose. Quand je grandissais, nous avions cet ami Harold qui avait une ferme de poulets dans le New Jersey. Harold avait été un partisan juif dans les bois en Pologne pendant la guerre. À un moment donné, ma mère m'a dit plus tard, ils avaient essayé de prendre contact avec les partisans polonais locaux, mais il s'est avéré qu'ils étaient antisémites et ont remis les envoyés aux nazis. Ainsi, une semaine plus tard, quelques-uns des partisans juifs se sont présentés à leur mairie lors d'une danse polka et ont lancé une grenade par la fenêtre. Harold ne connaissait pas les détails de ce qui s'était passé, mais des innocents ont sûrement été tués et mutilés. Était-ce une atrocité ? Pour sûr. Parfois, les gens dans des circonstances désespérées font des choses atroces. Pouvons-nous alors conclure de la Seconde Guerre mondiale que « toutes les parties ont commis des atrocités » et en rester là ? Ce serait insensé. Mais c'est exactement l'approche que la plupart des gens adopteraient si ces mêmes événements se produisaient aujourd'hui.

Pour moi, l'essence de l'intimidation est qu'il s'agit d'une forme d'agression conçue pour provoquer une réaction qui peut ensuite être utilisée comme justification rétrospective de l'agression initiale. C'est le vrai cœur de la chose. J'imagine un ordre social anarchiste avant tout comme celui où chacun apprend à identifier cette dynamique dès l'enfance, et est inoculé contre elle.

Les règles de l'engagement

DG : Il y a un théoricien militaire du nom de Martin van Creveld qui a fait la même remarque que Scarry – que la position tenue par Clausewitz comme quoi la raison pour laquelle la guerre est un concours de violence est que c'est le seul mode qui porte en lui même les moyens de sa propre mise en vigueur – ne tient pas la route. (Voir Liberté 3.)

Creveld insiste sur le fait que si vous regardez l'histoire, la guerre est tout sauf un concours illimité de pouvoir ; il y a toujours eu des règles. Il y a des règles sur qui est un combattant et qui ne l'est pas, ce que vous pouvez et ce que vous ne pouvez pas faire avec des prisonniers, des messagers, des médecins, quels types d'armes et de tactiques sont autorisés ou pas. Même Hitler et Staline, par exemple, ont convenu de ne jamais utiliser de gaz toxiques contre leurs troupes respectives. Une partie de cela n'est que l'extension du principe de discipline, – une armée qui combat sans règles n'est qu'une foule déchaînée et quand une foule déchaînée rencontre une vraie armée, elle perd toujours. Mais il y a plus : il y a des règles, sinon vous ne savez pas qui a gagné. Souvent, ces règles sont très spécifiques : dans la Grèce antique, la bataille n'est pas terminée jusqu'à ce qu'un côté doive demander à l'autre ses morts ; en Europe médiévale, apparemment, une armée devait rester sur le terrain pendant trois jours après la bataille pour que l'autre camp puisse revenir et réessayer. Le vainqueur n'était donc nullement déterminé par la simple prépondérance de la force. En fait, les seules personnes qui ont systématiquement enfreint les règles – Attila le Hun ou Hernán Cortés – avaient tendance à être remémorées comme des monstres barbares précisément pour cette raison.

Au moment où j'ai lu Van Creveld, j'étais impliqué dans le mouvement altermondialiste et je participais à de nombreuses actions directes à grande échelle, au Québec, à Gênes, à Washington, à New York... Ça m'a parlé : ce que j'ai vu dans de nombreux cas, c'est que les rues ressemblaient exactement à des guerres anciennes, avec des feintes, des charges, des manœuvres de flanquement, même des casques et des boucliers... C'est juste que les règles d'engagement étaient beaucoup plus restrictives. Et cela m'est soudain venu à l'esprit : attendez une minute, les flics enfreignent presque toutes ces règles tout le temps. Si vous essayez de négocier avec eux, la moitié du temps, ils arrêtent le messager. Si vous déclarez une « zone verte » où personne ne fera quoi que ce soit d'illégal afin de créer un espace sûr pour les personnes âgées ou les enfants, les flics vont presque toujours utiliser des gaz lacrymogènes ou l'attaquer. Ils agissent comme des adversaires totalement déshonorants.

Ce n'est pas seulement que tous les flics sont des salauds. Il y a une logique. Après tout, si la police vous traitait honorablement, ce serait vous reconnaître comme une partie égale du conflit. Mais ils représentent l'État. Ils ne vont pas vous reconnaître comme l'équivalent de l'État. Ce serait reconnaître une situation légitime de double pouvoir. Et c'est la dernière chose que les flics vont faire. Mais ils ne peuvent pas non plus vous tuer, surtout si vous êtes blanc.

Donc la solution est : enfreindre systématiquement les autres règles.

Un corollaire de cela est que toutes les guerres les plus brutales, les plus véritablement vicieuses, qui ont été menées de mémoire récente, sont celles qui ne sont pas du tout des guerres aux yeux de ceux qui commandent les plus grandes forces, mais des actions policières. Comme le Vietnam, ou l'Algérie, ou l'Angola, ou la Syrie, ou l'Irak. Elles ne sont pas seulement appelées « actions policières », elles suivent en fait la logique de la police qui est de mener une guerre permanente – la « guerre contre le crime » – entre l'État et un ennemi intrinsèquement déshonorant, qui ne peut jamais être complètement vaincu. Il ne peut jamais être complètement vaincu en partie parce que la « guerre contre le crime » elle-même est une transposition de la guerre sous-jacente qui constitue la nation : la guerre permanente entre le souverain et le peuple, qui, selon moi, est antérieure à la distinction « ami/ennemi » de Schmidt. On pourrait même dire que la guerre cosmique qui occupe l'imaginaire des sociétés libres est, chez nous, descendue sur terre. D'une certaine manière, l'État-nation moderne n'est qu'une trêve, une « paix sociale » établie entre deux parties belligérantes, la souveraine et la populaire ; elle est transposée en une « guerre contre le crime », puis bien sûr en « guerre contre la drogue » (la première à s'internationaliser), et en « guerre contre le terrorisme ». Toutes sont des guerres permanentes contre un adversaire intrinsèquement déshonorant qui ne peut cependant pas être vaincu. Parce que ce n'est pas comme si le crime, la drogue ou le terrorisme allaient se rendre et cesser les hostilités.

La plupart des gens ne se souviennent pas qu'au tout début de la guerre en Irak, l'un des groupes rebelles a capturé un soldat américain. Ils ont annoncé : « OK, nous avons l'un de vos gars. Nous respectons les conventions de Genève sur les prisonniers de guerre, nous le traiterons conformément à la loi et attendons de vous que vous traitiez nos prisonniers de la même manière. Nous voulons organiser un échange. » Et les Américains ont immédiatement répondu : « Nous ne négocions pas avec les terroristes. » Alors les guérilleros irakiens ont dit : « D'accord, très bien... faites comme bon vous semble. Nous allons le tuer. »

Et les gens se demandent comment Daesh est arrivé. La première impulsion de la résistance irakienne a été de dire « engageons-nous dans un combat honorable ». Et la réponse a été « absolument pas. Ce n'est pas une guerre, c'est une action policière, vous êtes intrinsèquement illégitimes à nos yeux et donc nous n'avons aucune intention d'honorer la convention de Genève. Les négociations et la loi sont pour les personnes que nous respectons, comme le royaume salafiste fou de l'Arabie Saoudite. »

Des choses de cet ordre avaient lieu sans cesse. Finalement, ceux qui résistent au pouvoir impérial se rendent compte qu'ils ne sont pris au sérieux que s'ils se lancent dans un certain rôle : celui du méchant dans un drame chrétien, alors ils commencent à jouer le jeu. Si vous regardez les premières vidéos de Daesh – de sinistres personnages à capuches, avec leurs défilés de drapeaux noirs, de décapitation, de crucifixion et de bûcher –, c'est comme s'ils avaient parcouru tous les films qu'ils pouvaient pour avoir une idée de ce que serait le méchant ultime de James Bond au Moyen-Orient, et ont essayé de voir s'ils pouvaient faire mieux.

Je pense que la guerre contre le terrorisme était une tentative de résoudre ce problème. Ça n'a pas marché. Parce que le problème véritable était juste celui que j'ai décrit sommairement auparavant : les morceaux de l'État-nation, dont nous avions l'habitude de penser qu'ils allaient de pair, sont en train de se séparer (voir Les trois caractéristiques de

l'État). Nous avons donc l'émergence d'une bureaucratie administrative mondiale, mais sans les deux
autres composantes : ni un principe de souveraineté,
ni un champ héroïque de contestation politique.
Depuis la Seconde Guerre mondiale, les États-Unis
construisent le premier système administratif planétaire au monde : à commencer par les institutions
de Bretton Woods (le FMI, la Banque Mondiale,
l'Organisation mondiale du commerce, – qui font
d'ailleurs tous officiellement partie de l'ONU), mais
comprenant des éléments privés et publics allant des
organisations de traités comme l'UE ou l'ALENA aux
ONG transnationales, en passant par les institutions
de notation de crédit. Le mouvement altermondialiste était une tentative d'exposer et de remettre en
cause ce système : jusqu'à Seattle ou l'A16, la plupart
des gens aux États-Unis ne savaient même pas que
le FMI ou l'OMC existaient. Nous avons été remarquablement efficaces. En très peu de temps, le FMI
avait été en effet expulsé de la grande majorité des
pays du monde, les mouvements sociaux se coor-
donnaient partout. Après Seattle, chaque tentative
de négocier un traité commercial s'est effondrée...

Évidemment, ce n'est pas ainsi qu'ils nous enseignent
l'histoire parce que dans les histoires officielles, les
mouvements sociaux sont insignifiants, mais tous
ceux qui étaient là à l'époque savaient que la classe
dirigeante était en proie à une petite panique. Bien
sûr, la guerre contre le terrorisme n'était pas du tout
une guerre, c'était une tentative de créer une logique
de police au niveau planétaire, le genre de guerre
dont vous savez que vous ne gagnerez jamais ! En
d'autres termes, il s'agissait de créer un principe
de souveraineté unique pour soutenir la structure

administrative mondiale. Mais cela n'a clairement pas fonctionné.

Je suis surpris de voir à quel point la plupart des théories sur ces questions sont faibles. Peut-être que c'est encore un exemple de l'habitude qu'ont les gens d'utiliser des versions simplifiées de la réalité en discussion abstraite, peu importe la complexité bordélique de cette réalité – comme ce que je notais au Moyen Âge où l'on parlait déjà de quelque chose ressemblant à un État-nation sans que personne n'en n'ait jamais fait l'expérience. Chaque fois que nous parlons de « guerre » dans l'abstrait, nous imaginons deux États, chacun a une armée, ils se déclarent la guerre, et ils la livrent jusqu'à ce qu'un des camps se rende, ou qu'il y ait un traité de paix... Depuis la Seconde Guerre mondiale, y a-t-il eu une seule guerre qui ait réellement pris cette forme ? Le conflit israélo-arabe ?

ND : Non !

ATZ : Aucun des bords ne reconnaît même la souveraineté du bord ennemi.

ND : Oui, du côté arabe aussi au début, il s'agissait d'une opération de police. Et à ce stade, personne ne semble vouloir y mettre fin, il y a trop d'intérêts investis dans la perpétuation de cette guerre.

DG : Donc je suppose que c'était vraiment la Seconde Guerre mondiale !

Même lorsque Saddam Hussein envahit le Koweït, il doit constituer une organisation rebelle koweïtienne imaginaire qu'il vient aider. Nous fonctionnons tous avec une idée abstraite de la guerre, même si nous sommes conscients que pratiquement aucune guerre ne prend réellement cette forme.

ND : C'est pourquoi il n'y a ni règles ni victoire, et pas de catharsis non plus.

ATZ : Je pense qu'il y a un fil à tirer entre l'idée de l'intimidateur – du phénomène « ça suffit maintenant tous les deux » – et le phénomène « nous ne négocions pas avec les terroristes ». (Voir Utopies.)

DG : Ah, très intéressant, continue.

ATZ : L'une consiste à nier l'ennemi, disant qu'il est au-delà du raisonnement (« nous ne négocions pas avec les terroristes »), et l'autre à insister sur la réciprocité des parties adverses, en assimilant la victime et l'intimidateur simplement en raison de leur mise en dialectique par l'attaque.

Et je pense que cela a à voir avec l'idée de dignité et l'attribution morale par un tiers, qui est le spectateur... Voyons où mon esprit veut aller... Je pense qu'il y a un parallèle entre le spectateur ayant le pouvoir de décider qui est un adversaire, et le flic relativiste de tout à l'heure...

DG : Oui, cela fait pas mal sens.

Regardons-y de plus près.

Je suis clairement d'accord que le rôle du spectateur dans le scénario d'intimidation est crucial. Dans mon premier texte sur le sujet, je racontais que des psychologues notaient que dans le cas d'une cour de récréation, les autres enfants n'aiment pas beaucoup l'intimidateur mais qu'ils ont le sentiment qu'il ne faut pas intervenir sous peine d'être agressés à leur tour. Mais les psychologues notent également que ce n'est pas vrai : si un ou deux enfants s'y opposent, l'agresseur a tendance à s'arrêter. Alors, pourquoi est-ce que tout le monde a cette idée en tête ? D'où vient cette peur ?

Déjà, ça vient de la culture populaire. Les films de superhéros tournent sur ce principe que celui qui dit « Hé, pourquoi tu tabasses ce gamin ? » devrait être prêt à se confronter à la créature extraterrestre qui lance des lasers par les yeux. OK. Mais plus couramment, c'est dans la vie adulte que cela arrive : au travail, les intimidateurs sont scrupuleusement protégés (comme j'ai dû l'apprendre à Yale à mon grand chagrin). Et surtout, si vous dites à un flic « Hé, pourquoi tu tabasses ce gamin ? » vous aurez des ennuis. D'ailleurs, le civil le plus à même de se faire sérieusement amoché par un policier est souvent ce bon samaritain.

Ce qui m'a frappé c'est que c'est ça la véritable scène primordiale du pouvoir. Ce n'est pas la dialectique maître-esclave hégélienne, qui pour une raison ou pour une autre a été inscrite dans la littérature contemporaine comme la structure profonde du pouvoir. Sérieusement, à quelle fréquence assistons-nous vraiment à deux personnes s'engageant dans une lutte de reconnaissance à la vie à la mort ? En gros, jamais. D'un autre côté, nous avons tous été témoins et avons tous joué l'un des rôles dans des scènes où une personne s'en prend à une autre et où les deux font appel à un ou plusieurs tiers pour être reconnus. La victime appelle à la sympathie. L'agresseur tente de représenter la réaction de la victime comme prétexte rétrospectif à son agression initiale. Cette scène d'intimidation trinitaire est la véritable structure du pouvoir.

ATZ : Le spectateur est donc l'acteur à la fois le plus puissant et le plus passif ? D'une part, il détient le pouvoir de représentation, se rangeant dans l'un ou l'autre récit. Ce pouvoir est accru par son extériorité à la scène, mais c'est pourtant aussi ce qui le condamne à une forme de passivité dans l'appréciation...

DG : Au fond, tu me défies de rassembler toutes ces pièces, c'est bien ça ? C'est vrai que par moments je résiste à faire ça, je ne sais pas pourquoi. Je suppose que j'ai peur de créer quoi que ce soit qui pourrait être transformé en un système de totalisation. Mais je devrais essayer.

Vous rangez ces divers scénarios dans cette structure trinitaire, qu'obtenez-vous ? L'officier Mindfuck, le flic relativiste est fondamentalement le même que le flic qui bat le bon samaritain pour avoir tenté d'intervenir. Parce qu'il insiste sur le fait qu'il n'y a pas de critères plus élevés qui pourraient éventuellement justifier une intervention. J'ai lu une fois qu'un ancien policier devenu sociologue faisait valoir que les flics ne battaient presque jamais les cambrioleurs, parce que les cambrioleurs jouent le même jeu que les flics : la loi et l'ordre. La violence réelle n'apparaît que lorsque quelqu'un se met à répondre, et donc met en question le droit de définir la situation. C'est-à-dire, d'essayer de dire qu'on ne joue pas au bon jeu : « Attendez une minute, on n'est pas dans une situation de crime possible là, on est dans une situation de gars qui paye ton salaire qui balade son chien » ou « on n'est pas face à une émeute mais à une expression du droit de rassemblement », etc. C'est là que le bâton sort.

C'est d'ailleurs aussi là qu'interviennent les marionnettes géantes. Une action directe de masse comme l'intervention de l'OMC de 1999 à Seattle ou du sommet des Amériques de 2001 au Québec, était une tentative de créer un « événement » ou un moment de créativité révolutionnaire. Cela signifiait à la fois prendre ce qui semblait absolu, permanent et monumental et le faire paraître fragile, éphémère et vulnérable. Et aussi de prendre des choses qui semblaient fragiles et éphémères et montrer qu'elles pouvaient facilement devenir absolues et monumentales. L'une des choses qui m'ont fasciné à propos du symbolisme du mouvement mondial pour la justice – qui a véritablement fondé le langage mythologique qui a ensuite été repris dans Occupy et les mouvements ultérieurs – était que... eh bien, si vous posiez des questions à l'Américain moyen sur Seattle, ou d'autres mobilisations de masse ultérieures, les deux choses qu'il était susceptible de savoir étaient, premièrement, qu'il y avait des anarchistes masqués qui cassaient les vitrines Starbucks et, deuxièmement, qu'il y avait des marionnettes géantes. Ce qui m'a fasciné, c'est que les flics semblaient détester les marionnettes de plus en plus.

Eh bien, le symbolisme était assez facile à lire. Le collectif Black Block était assez explicite sur ce qu'il faisait, ils ont même publié un manifeste disant : « Nous sommes entourés de néon et de verre, ce monde fantasme du capitalisme consumériste semble permanent et monumental, mais il suffit d'un marteau pour que l'illusion se dissolve ». Comme l'a souligné Bakounine : « l'envie de détruire est aussi une envie créative ». Mais les marionnettes, la troupe du carnaval, les clowns, les danseuses du ventre, les groupes de klezmer et les fées avec des plumeaux chatouillant la police... c'était l'autre côté de la même équation. Les marionnettes étaient de gigantesques dieux et dragons en papier mâché. Elles étaient évidemment ridicules, une moquerie de l'idée même de monument : ce sont des monuments que l'on peut improviser du jour au lendemain, puis incendier ensuite. Elles font allusion au potentiel permanent de créer de nouvelles vérités, de nouvelles formes sociales, puis, si nécessaire, de les jeter à nouveau. Donc, en ce sens, elles doivent être ridicules car sinon elles seraient tout à fait terrifiantes.

Une autre façon de poser cela, bien sûr, est qu'elles représentaient le principe du jeu dans sa forme la plus pure. Les dieux en jeu sont par définition terrifiants. Non seulement ce qu'ils représentaient, mais la façon dont ils étaient déployés : les marionnettes et la troupe du carnaval environnant étaient généralement envoyés pour désamorcer les situations de conflit potentiel, en particulier là où la police semblait susceptible d'attaquer. Ils tentaient de changer les règles du jeu lorsque ces règles semblaient susceptibles de conduire à la violence. Mais du point de vue des flics, je pense que c'était totalement de la triche. Vous êtes censé négocier indirectement les règles de l'engagement, par le biais de la loi et des médias. Les anarchistes tentaient de renégocier les règles sur le champ de bataille lui-même. Alors bien sûr les flics se mettaient complètement en colère et tentaient de détruire les marionnettes. Il a fallu que nous commencions à fabriquer les marionnettes en secret parce que si la police avait eu vent de l'endroit où se trouvaient les entrepôts, elle aurait pénétré et essayé de les retirer lors d'une frappe préventive.

ATZ : Bon, qu'en est-il de la guerre contre le terrorisme ?

DG : Je suppose qu'il est logique que la guerre contre le terrorisme ait été la réponse. Il s'agissait d'une tentative de redéfinition permanente des règles d'engagement. Le mouvement altermondialiste avait connu un succès étonnant – les gens l'oublient maintenant, mais, bien sûr, effacer de tels sentiments de possibilités, les faire paraître irréels, insensés, c'est précisément ce qu'est le jeu du pouvoir. Mais c'est vrai : en quelques années seulement, nous avons détruit une hégémonie idéologique presque totale, chassé le FMI de la plupart des pays, le menant au bord de la faillite, mis la question de la démocratie mondiale sur la table… Nous avons tous été surpris de la rapidité avec laquelle tout ça s'est produit. La réponse a donc été une attaque directe contre l'imagination politique.

En gros, en pratique il s'agit de savoir qui peut négocier les règles d'engagements et donc qui est traité comme égal. Les « terroristes » par définition ne le font pas, et ne le sont pas. Le « ça suffit vous deux » est un refus de base, de la part du spectateur, de faire de l'agresseur un terroriste (de l'intimidateur, ce qui revient essentiellement au même). Il dit « en ce qui me concerne, vous êtes moralement équivalents ».

ATZ : Oh ! D'accord. Je pense que je comprends. L'argument consiste donc à avoir toujours les moyens d'insister sur le fait que vous êtes David et que l'autre personne est Goliath quoi qu'il arrive. De la même manière que nous disons : « nous ne négocions pas avec les terroristes », nous disons aux enfants victimes d'intimidation de ne pas essayer de raisonner avec les intimidateurs. En refusant de négocier avec Al-Qaïda ou qui que ce soit d'autre, vous gardez la victimisation pure.

DG : On leur dit ça ? Eh bien, je suppose que si nous le reconnaissons comme une véritable intimidation.

Il y a aussi l'insistance étrange, qui est très relayée dans la littérature des années 1960 par exemple, sur le fait que les intimidateurs de la cour de récré sont en fait eux-mêmes victimes. C'est une idée reçue qu'au fond d'eux-mêmes ils sont recroquevillés et insécurisés… Mon père était en quelque sorte un héros de gauche, il s'était porté volontaire pour combattre dans les brigades internationales, il était anarchiste à bien des égards. Mais vers la fin de sa vie, il était très amer, et une façon dont cela s'est manifesté est qu'il a développé quelques étranges attitudes de droite : il se saoulait et se déchaînait sur la télévision, principalement à propos des « juges libéraux » qui relaxaient des criminels ou allégeaient leur peine parce qu'ils venaient de milieux défavorisés. Je n'ai jamais vraiment compris pourquoi. Bien sûr, New York dans les années 1970 était une ville difficile, mais il n'a jamais été victime d'un crime et n'a jamais vécu dans un quartier dangereux. Ce n'est que bien plus tard que j'ai compris qu'il s'agissait de moi et de mon frère. Nous avions été intimidés à l'école, principalement par d'autres enfants de la classe ouvrière, et j'ai appris plus tard qu'il avait essayé d'intervenir à plusieurs reprises auprès des autorités scolaires et ils lui avaient expliqué que les intimidateurs venaient de milieux défavorisés. (Il savait aussi que j'avais été puni pour avoir riposté). Alors, bien sûr, il se sentait complètement castré, il ne pouvait pas protéger ses propres enfants. Mais maintenant que j'y pense, il a adopté exactement la même attitude envers les terroristes, une autre de ses bêtes noires ; quand je demandais : « eh bien, que penses-tu que les terroristes pensent, qu'essaient-ils de réaliser ? », il devenait furieux et disait qu'il ne fallait même pas spéculer là-dessus.

Mais bien sûr, comme il est avéré, les intimidateurs n'étaient pas des victimes précaires elles-mêmes ; en fait, certains de ceux dont je me souviens encore appartenaient à des familles beaucoup plus riches – je crois que l'un d'entre eux est aujourd'hui directeur de journaux télévisés ou quelque chose comme ça.

Si vous y songez vraiment, le terrorisme n'est que l'intimidation des faibles, tout comme l'intimidation est le terrorisme des forts. Dans chaque cas, c'est une tentative de provoquer une réponse dont vous pouvez ensuite blâmer la cible. Cela est vrai même dans les formes conversationnelles les plus subtiles :

« Vous êtes un bon gars, Jeeves, mais votre mère n'a pas vraiment réussi à vous enseigner les bonnes manières.

– Attendez, que vient faire ma mère là-dedans ? Arrêtez d'être un connard !

– Vous voyez ce que je veux dire ? Il m'a traité de «connard» ! Vous avez bien entendu, tous ? Connard ! Il m'a traité de «connard» ! »

Le terrorisme est en fait une tentative de faire de même. Habituellement, vous essayez de provoquer qu'un gouvernement réprime un certain groupe de personnes – précisément celles que vous prétendez représenter – afin de les mobiliser politiquement. Disons que je suis un séparatiste ruthène dans un pays imaginaire. Alors, quel est mon gros problème ? Probablement que, non, les membres de la minorité ruthène ne veulent pas de leur propre État séparé, ou ne se soucient pas tellement de faire quoi que ce soit à ce sujet. Mais si je mets quelques bombes sur le marché et déclare haut et fort que c'est le mouvement de libération ruthène qui l'a fait, eh bien, il y a de fortes chances pour que le gouvernement et en particulier les forces de sécurité commencent à rendre la vie des Ruthènes très désagréable. C'est une tentative pour provoquer ce que vous croyez être un État répressif pour qu'il agisse de manière encore plus répressive.

Mais n'est-ce pas finalement la logique même de l'intimidation ? Une attaque conçue pour provoquer une réponse qui peut devenir sa propre justification rétrospective. Seulement, dans ce cas, cela devient un moyen de renverser la logique de l'intimidation sur ceux qui sont en position dominante.

ATZ : Absolument. Il y a vraiment quelque chose. Et c'est un aller-retour parce que les terroristes sont les premiers produits de l'intimidation.

DG : Oui ! Il y a eu une ou deux exceptions extrêmement cyniques : les services de renseignement sud-africains ont créé une insurrection au Mozambique, essentiellement en trouvant quelques enfants issus des minorités ethniques, en leur versant de grosses sommes d'argent pour placer des bombes sur le marché au nom de groupes séparatistes imaginaires, créant ainsi de véritables groupes séparatistes. Mais c'est évidemment inhabituel.

En ce qui concerne la politique israélienne en Cisjordanie, par exemple, eh bien, ce qui m'a vraiment frappé quand j'y suis allé, c'est que les occupations israéliennes étaient clairement conçues pour rendre la vie de tout le monde impossible de mille manières différentes, mais chacune d'elle semble si mineure qu'elle ne semble pas appeler de réponse violente. Donc, c'était comme ce gamin en cours de gym qui vous donnait des coups de poing et des coups de pied en permanence. Ou comme la méthode nord-coréenne d'interroger des prisonniers étrangers en les faisant s'asseoir au bord d'une chaise pendant huit heures, ou s'appuyer contre un mur de manière inconfortable – après un certain temps, c'est tout simplement impossible, mais essayez voir d'aller vous adresser au tribunal de la torture en leur expliquant qu'on vous a fait asseoir sur le bord d'une chaise pendant très longtemps.

Donc, quand un palestinien se lâche, la réaction peut sembler tout à fait disproportionnée et les israéliens peuvent dire : « Aha ! Regardez-les, ce ne sont que des terroristes », sauf que la logique, de l'autre côté, devient : « Puisque certains d'entre nous vont péter des câbles de toutes façons, autant le faire de manière systématique ».

Mais dans ce cas précis, les Israéliens ont réussi à gagner la bataille quant aux termes de l'engagement. Ils peuvent ouvrir le feu sur des enfants de douze ans avec des cailloux, ou même sur des enfants debout à proximité, en toute impunité.

ATZ : Et comment changer la donne ?

DG : Eh bien, tout d'abord, je pense que les Palestiniens et leurs partisans doivent se réengager au niveau du mythe. Il y a quelques années, il y a eu une action où des militants palestiniens résistant à une expulsion de ferme se sont peints en bleu et se sont déguisés comme les na'vi d'Avatar et ont étreint des arbres. Bon, bien sûr, Tsahal a ouvert le feu sur eux de toute façon. Mais j'ai trouvé ça absolument génial. Il faudra énormément de travail pour commencer à remplacer les images existantes dans la tête des Américains par des images comme celle-là.

Double souveraineté

ATZ : Bien. Donc dans tous ces cas, il y a une logique commune dans la façon dont les flics nient la souveraineté…

DG : Oui, puisqu'ils incarnent la souveraineté de l'État, ils ne peuvent, par définition, vous traiter comme un égal…

ATZ : Alors, toute la question est celle de la souveraineté à somme nulle.

DG : Oui exactement. C'est pourquoi la première étape pour comprendre comment nous arrivons à un état de choses anarchique, comment une révolution pourrait fonctionner aujourd'hui, passe nécessairement par l'idée d'une double souveraineté.

ND : Double souveraineté ?

DG : Oui, parce que nous n'allons pas avoir un moment insurrectionnel où l'État s'effondre. C'est l'une des raisons pour lesquelles je suis tellement intéressé par le Rojava, qui est unique historiquement car les mêmes personnes ont réussi à créer ce qui est essentiellement les deux faces d'une situation de pouvoir double. Dans le Nord-Est de la Syrie en ce moment (et je l'espère encore au moment de la publication, puisqu'ils ont bien sûr été qualifiés de « terroristes » et sont sous attaque génocidaire), ils ont à la fois une structure de pouvoir descendante et ascendante. Avec la première, ils peuvent traiter avec la communauté internationale, puisque les gens s'attendent à ce qu'il y ait quelque chose qui ressemble à un État, avec des ministres, un parlement, etc. ; et la seconde est une forme de démocratie directe constituante, basée sur des assemblées imbriquées qui commencent avec seulement quelques centaines de personnes. Ils insistent cependant sur le fait qu'il ne s'agit pas d'un État, car toute personne armée est responsable devant les groupes ascendants plutôt que descendants. Les groupes descendants ne sont là que pour des raisons administratives, d'orientation, de négociation avec les étrangers... un peu comme un chef amazonien, en fait.

Une des raisons pour lesquelles, même en tant qu'anarchiste, je m'entends avec beaucoup de la gauche travailliste au Royaume-Uni, c'est qu'ils comprennent cela, ils disent en fait : « Nous ne voulons pas coopter la gauche extraparlementaire ! Nous avons besoin que vous soyez dans la rue à faire des choses plus radicales que nous ne pourrions faire afin de créer une synergie qui impulsera une direction générale vers la gauche. » J'ai entendu John McDonnell le dire fréquemment : au Royaume-Uni, la progrès social ne s'est jamais produit par une combinaison astucieuse « d'action parlementaire, de syndicalisme radical et d'insurrection – ou, comme ils aiment le dire plus poliment de nos jours, «d'action directe» ». (C'est une citation réelle). De plus, ils me semblent être vraiment sincères : ils veulent comprendre comment la gauche parlementaire et la gauche extraparlementaire peuvent trouver une synergie plutôt que de se contrarier. Ensuite, bien sûr, vous avez des mouvements comme les Gilets jaunes qui créent une dimension entièrement nouvelle de la politique au sein de la société, antagoniste à toutes les formes traditionnelles de pouvoir.

Contre la politique des opinions

DG : C'est l'absence de ce type de structures à pouvoir double qui nous laisse embourbés dans la politique de l'opinion. Il y a quelques années, lorsque j'écrivais sur l'éducation, j'ai entamé une critique systématique de l'idée même « d'opinion ». Qu'est-ce qu'une « opinion » ? Quelque chose que vous avez lorsque vous n'avez aucun pouvoir. Après tout, les présidents n'ont pas d'opinions. Ils ont des politiques. C'est pourquoi les opinions adoptent souvent cette qualité de flottement libre, non amarré à des considérations pratiques : « oh, enfermons-les tous », « retirons-nous de l'ONU », et ainsi de suite. On pourrait dire que c'est une autre variante du phénomène des vilains miroirs : si vous dites clairement aux gens que ce qu'ils disent ne fait aucune différence, bon nombre d'entre eux sont susceptibles de dire des choses vraiment irresponsables et cela ne fera que renforcer l'impression que ce serait une mauvaise idée de leur donner leur mot à dire dans les décisions importantes. Mais d'une certaine manière, cet extrémisme est en soi une protestation contre le fait que ce qu'ils disent n'a aucune importance, car si vous mettez ces mêmes personnes dans un véritable processus de délibération, elles se comporteront de manière totalement différente.

ATZ : Mais le Brexit alors ?

DG : À point nommé. Le Brexit est un parfait exemple de la façon de ne pas prendre une décision ; il n'y a pas eu de processus délibératif, juste un sondage d'opinion. (En mettant de côté le fait qu'en démocratie directe, 52-48 est un résultat ex æquo – si c'est le résultat obtenu, vous avez mal posé la question et vous devez recommencer.) C'est une façon d'enseigner aux gens : « Voyez ce qui se passe quand vous agissez sur vos opinions ? Taisez-vous et laissez-nous gérer les choses. »

En fin de compte, je pense que c'est un produit de notre système éducatif, où les enfants sont constamment sollicités, même s'ils savent que personne ne s'en soucie réellement et que leur opinion ne fait aucune différence. Je pense ici tout particulièrement au système américain.

ATZ : Quel type d'opinions leur est demandé ?

DG : Toutes sortes. Ça n'a pas d'importance. En Europe, si vous écrivez un article, vous défendez généralement l'une des deux ou trois positions possibles. Aux États-Unis, vous pouvez dire tout ce que vous voulez. Tout cela remonte à Thomas Dewey, qui voulait démocratiser le système éducatif américain ; c'était très bien intentionné ; alors on demande toujours aux enfants : « Eh bien, qu'en penses-tu ? Qu'est-ce que tu penses de ça ? »

ND : C'est la tradition des arts libéraux, qui est très élitiste.

DG : Oui, et finalement c'est une illusion ; ce serait très différent si les enfants devaient prendre des décisions réelles qui les affectent d'une manière ou d'une autre.

ATZ : Mais il est vrai que même en dehors du système éducatif, nous demandons constamment (voix condescendante) : « ça te plaît ? » Et donc, s'ils disent non, qu'est-ce qu'on y changerait ?

DG : Exactement ! Et tout cela affecte la manière dont les gens communiquent. Ils n'ont aucune expérience de la délibération, de l'écoute mutuelle, de l'exploration mutuelle des perspectives, à part peut-être la résolution de problèmes pratiques très immédiats. Si vous parlez de la façon de réparer le poêle, ils vont peut-être s'engager. Mais au-delà de cela, eh bien, j'ai remarqué, au moins chez les gens qui n'ont pas suivi le système d'enseignement supérieur, que l'instinct est juste d'échanger des opinions, donc vous avez l'impression de jouer une partie de ping-pong.

Ma mère était une personne extrêmement intelligente. Elle est entrée à l'université à seize ans mais, après un an, elle a dû abandonner pour obtenir un emploi en usine afin d'aider à subvenir aux besoins de la famille. Je m'énervais parfois en parlant avec elle parce qu'elle jouait au ping-pong. C'est souvent comme ça : vous donnez votre opinion, ils donnent la leur, alors peut-être que vous donnez une autre opinion... Vous ne vous engagez jamais vraiment. Donc, pendant un certain temps, j'ai pensé que peut-être l'enseignement supérieur n'était pas si inutile que ça : la seule chose que les gens semblent apprendre est d'au moins discuter un peu comme les philosophes et dire : « d'accord, si vous dites cela, cela signifierait-il aussi cela ? » Ils sont capables d'explorer l'intégrité des idées d'une autre personne.

Mais alors j'ai réalisé : attendez, ce n'est pas vrai. Parce que les enfants font ça tout le temps. En fait, il semble parfois que ce soit tout ce que font les enfants : « d'accord, mais si vous dites cela, pourquoi ne dites-vous pas aussi ceci ou cela ? » « Mais si c'est vrai », et ainsi de suite interminablement. Ainsi, la vérité du système éducatif est qu'au début, nous avons éliminé cet instinct et ensuite, seulement plus tard, nous l'avons remis à mi-chemin pour une élite sélectionnée. Alors, à quoi l'éducation ressemblerait-elle si elle ne faisait pas ça ?

ND : En ce qui concerne l'éducation juive, il y a la reproduction intégrée de la culture, la complexité des mécanismes d'organisation de la famille et de l'enseignement aux enfants.

DG : Je suppose que la question serait de savoir comment commencer par une certaine forme de délibération plutôt que de se forger une opinion comme modèle de réflexion.

MBK : Pour moi, c'est ça l'idée de la politique comme jeu à la recherche de ses propres règles. Les opinions sont des tentatives de construire une grande entité, souvent appelée Dieu, qui est vraiment le jeu parfait.

DG : Dieu est le jeu parfait ?

MBK : Oui. Et un jugement est toujours l'approximation de ce que serait une politique parfaite. Je pense que nous en sommes loin, mais c'est là mon pessimisme philosophique.

ATZ : C'est vraiment intéressant, si nous revenons au processus de suivi de l'intégrité d'une pensée dont David vient de parler. Cette forme de raisonnement n'est réintroduite qu'à mi-chemin à l'université car on n'apprend à l'appliquer qu'avec malveillance ou mauvaise volonté. Ça devient une rhétorique pour lier les mains de vos adversaires : « si vous croyez ceci, croyez-vous aussi cela ? » En essayant de réfuter l'intégrité de leur pensée. C'est certainement un problème avec l'attente d'une cohérence totale qui, encore une fois, est une représentation inexacte. Alors qu'avec les enfants, la plupart du temps, ils essaient juste de découvrir le paysage de votre déclaration, acceptant les topologies les plus étranges tant que le penseur s'y est engagé.

ND : Et quand vous n'avez pas accès au cadre, aux règles du jeu, vous introduisez de la violence.

Le monde à l'envers
(et l'esprit toujours à l'endroit)

ATZ : Ce que j'aimerais pouvoir faire, au moins en suivant cette conversation, c'est de commencer à voir s'il y a peut-être une sorte d'inversion systématique de ces choses.

DG : De quelles choses ?

ATZ : Tu sais, toutes mes divagations de tout à l'heure : le réel et l'irréel, la politique anarchiste et la politique conventionnelle, le miroir laid de la société et le soin/la liberté illimitée, le pouvoir et le contre-pouvoir... J'aimerais discerner s'il y a quelque chose d'un peu systématique dans la relation que ces inversions entretiennent les unes avec les autres.

Et c'est peut-être le problème avec le système de valeurs dans lequel nous nous trouvons actuellement, qui se maquille comme s'il n'était rien de tel, prenant les « infra-valeurs » pour des « méta-valeurs ».

DG : Oh non… j'ai essayé d'éviter toute théorie de la valeur !

ATZ : Tu te souviens de ce que tu m'as dit sur le fait que nous opérons toujours à un niveau d'émergence supérieur à celui auquel nous parlons ?

DG : Ah, tu fais référence à la notion de Vigostki de « niveau de développement proximal ».

ATZ : Sans doute. Et donc le lien entre cela – le fait que nous fonctionnons toujours à un niveau supérieur à celui que nous pouvons articuler – et les choses que nous avons évoquées quant au glissement entre les représentations du monde et sa mise en pratique…

DG : C'est juste parce que ça pointe dans deux directions différentes. N'est-ce pas intéressant ? Il doit y avoir quelque chose pour que nous puissions le comprendre. Si nous le craquions, nous obtiendrions le secret de l'histoire (*Rires*).

Nous pouvons le faire ! Nous y sommes presque !

Alors, essayons. Je vais m'excuser auprès de Mehdi ici – ce qu'Assia demande pour l'essentiel, c'est de voir comment tout ceci cadre avec un contexte théorique que j'ai développé dans mon travail sur la théorie des valeurs, qui est à sa manière très idiosyncrasique et mystérieux. C'est ma version d'une approche développée par un de mes mentors anthropologiques, Terry Turner, qui était un marxiste piagétien (peut-être le seul, à moins de vouloir y compter Piaget lui-même). Turner fait valoir que lorsque Marx parle de fétichisme, il parle vraiment de la coordination de perspectives multiples sur une totalité complexe. Si la totalité est trop complexe, cela devient tout simplement impossible. Je m'explique.

En son sens, le fétichisme de Marx n'est qu'une version sociale de l'égocentrisme piagétien. Je suppose que vous connaissez le concept de base : les enfants se considèrent littéralement comme le centre de l'univers, ils confondent leur propre perspective sur les choses avec la nature objective de la réalité, c'est pourquoi, par exemple, vous ne pouvez jouer à cache-cache avec un tout petit enfant parce que dès que vous disparaissez, il oublie que vous existez. Et il faut un temps étonnamment long pour que les enfants comprennent la réversibilité des relations : par exemple, le fait que si j'ai un frère, Jacques, Jacques a aussi un frère : moi.

Les enfants finissent par comprendre cela, mais dans les relations sociales, il se passe trop de choses, et de toute façon, certaines parties de l'image sont rendues intentionnellement invisibles : c'est-à-dire celui qui conçoit et fabrique réellement les choses que vous utilisez tous les jours. Vous finissez donc par confondre votre angle de vue sur la totalité avec la nature de la totalité elle-même. Parce que du point de vue du consommateur, le fétichisme des produits de base est vrai : les brosses à dent sautent juste du magasin toutes désireuses de vous brosser les dents. Du point de vue d'un négociant d'obligation, l'argent fuit les marchés, et les ventres du porc font vraiment ceci ou cela...

J'ajouterais que « fétichisme » est une expression curieuse, car elle implique une sorte de conscience que quelque chose n'est pas réel. Le terme a été à l'origine appliqué par les marchands et aventuriers européens à des objets africains qui étaient souvent utilisés pour sceller des accords, pour créer de nouvelles relations sociales – par exemple, des accords commerciaux avec des étrangers en visite. Souvent donc, on choisissait un objet aléatoire mais visuellement impressionnant et on déclarait qu'il devenait un dieu capable de faire respecter les termes du contrat. Ceux qui avaient recours à ces pratiques insistaient sur le fait qu'ils croyaient que ces objets étaient des dieux mais pourtant n'agissaient pas vraiment comme s'ils le croyaient, car les dieux pouvaient être créés ou rejetés à volonté. Les fétichistes capitalistes sont exactement le contraire : si vous montrez à un négociant de matières premières que l'or et le ventre des porcs ne « font » en réalité rien, ils vous regardent comme si vous étiez un idiot – « évidemment ce n'est qu'une figure de style ». Ils supposent qu'ils n'y croient vraiment pas, mais en fait si puisqu'ils agissent en conséquence.

Quoi qu'il en soit, l'idée est que le fétichisme de la marchandise, de l'argent ou de ce que vous voulez, est une description parfaitement exacte de la réalité du point de vue propre des fétichistes : le problème est que le fétichiste confond sa positionnalité avec la totalité. (Cela suppose qu'il y ait une totalité, ce qui est précisément le point d'attaque que prennent les poststructuralistes, – mais c'est un argument très long et mieux vaut ne pas y entrer ici). Je dirai simplement ceci : dans le cas de la création de nouvelles relations, comme le faisaient les marchands africains quand ils ont « fait un fétiche » pour conclure un accord commercial, eh bien, il n'y a pas de totalité préexistante à celle qui est créée par l'acte même de l'invoquer. Donc, dans des moments comme ça, on pourrait dire que le fétichisme est « vrai », ou au moins à moitié vrai.

En fait, j'ai parfois défini la politique elle-même en ces termes : l'arène à l'intérieur de laquelle vous pouvez rendre des choses vraies juste en convainquant les gens qu'elles le sont. Si je peux convaincre tout le monde dans le monde que je peux voler, et que je saute d'une falaise, je suis toujours mort. Si je convaincs tout le monde que je suis le pape, alors je suis le pape, c'est tout ce qu'il y a à faire. C'est pourquoi le domaine de la politique semble toujours à mi-chemin entre la poésie et la fraude pure et simple.

C'est à ce moment que Turner invoque Vygotski. Vygotski est principalement célèbre pour avoir compris que les gens opèrent toujours à un niveau de complexité supérieure à ce qu'ils peuvent réellement articuler. Vous pouvez parler grammaticalement avant de pouvoir expliquer les règles de la grammaire à quiconque, ou même les comprendre si elles vous sont expliquées. Mais d'une manière critique : une fois que vous pouvez comprendre la logique de vos propres actions, disons, une fois que vous comprenez les règles de la grammaire, ce faisant, vous créez nécessairement un autre niveau de complexité au-delà de cela, que, bien sûr, vous ne pouvez pas entièrement comprendre. Et ainsi de suite à l'infini.

Maintenant, il est évident que ce genre de choses pourrait intéresser les anthropologues : c'est ce que nous faisons, essayer de démêler la logique sous-jacente des formes d'action que les acteurs eux-mêmes ne peuvent pas pleinement articuler ou même comprendre. Mais la véritable percée de Turner – il pensait que c'était une percée, et je tends à le lui accorder – était de dire : « aha ! C'est pour ça que nous avons mythes et rituels »

Prenez la célèbre notion de Van Gennep du stade liminal dans le rituel. On est sur le b.a.-ba d'une licence d'anthropologie, mais c'est une illustration utile : disons que vous avez un rite de passage, un tas de filles sont initiées à l'âge adulte et deviennent des femmes. Si vous passez entre deux catégories d'être, fille et femme, ou de la vie à la mort, ou quoi que ce soit, il y a toujours une étape « liminale » entre les deux où vous n'êtes ni dans l'une ni dans l'autre phase, et où toutes sortes de choses étranges se produisent : les relations sociales sont suspendues ou prennent des formes bizarres, les gens agissent comme des choses et les choses comme des gens, tout le monde prétend être un fantôme ou un animal et ainsi de suite... Eh bien, ce qui se passe vraiment ici, suggère-t-il, c'est qu'en affirmant que « fille » et « femme » sont des termes équivalents, vous créez nécessairement un niveau supérieur de structure qui permet le passage entre elles, ce qui est nécessairement incompréhensible en restant au niveau premier et ressemble à une forme de Neverland très funky. Chaque fois que vous faites quelque chose deux fois et dites que c'est la même chose, vous créez un niveau supérieur de structure au sens vygotskien du terme. Si vous créez un mariage, bien sûr, vous pouvez voir ce mariage comme quelque chose que vous avez créé vous-même, conjointement avec d'autres, mais ce faisant, vous faites également partie d'un processus plus large de reproduction des phénomènes de « mariage » lui-même. Alors les gens diront : « notre mariage a été arrangé par nos parents, mais l'institution du mariage nous a été donnée au début des temps par un oiseau géant », ou quelque chose comme ça.

Essentiellement, pour Turner, tout mythe et tout rituel sont le « niveau de développement proximal » de Vygotski au niveau social.

Ce qu'Assia essaye de comprendre maintenant, c'est que nous avons deux problèmes qui semblent complémentaires mais opposés. L'une est l'idée vygotskienne que nous opérons toujours à un niveau de complexité supérieur à celui que nous pouvons articuler ou représenter. L'autre est la façon dont les représentations précèdent si souvent la réalité : en ce que la représentation de l'E=État précède la création effective de l'E=État, la représentation de l'individu maximisant précède la maximisation des comportements économiques, etc. Alors comment allons-nous concilier les deux ?

Il semble qu'ils soient tous les deux également vrais. Lorsqu'un écrivain médiéval parle de l'État comme s'il y en avait un, ce n'est pas simplement un malentendu. Plutôt que de parler de féodalité et de la réalité de la souveraineté parcellaire, de différents types de pouvoir agissant de manière complexe, ils écrivent cette version très simplifiée de l'État qui arrivera environ trois cents ans plus tard. De même, quand ils parlent de propriété, ils parlent de propriété individuelle même si la propriété féodale est infiniment complexe. Et encore une fois, quand ils parlent de motivation individuelle, ils amènent l'individu pléonectique augustinien alors que jusqu'ici personne ne se comporte ainsi.

Ma première supposition serait que ces versions schématiques simplifiées remplacent les complexités insondables du niveau proximal. Au début, ce n'est qu'un raccourci. Mais dès qu'elles entrent en politique, elles sont facilement adoptées comme armes.

MBK : C'est ce que je disais hier à propos de la langue qui manque son objectif et qui crée une réalité plus complexe que la langue. Pour moi, le mouvement que tu décris est qu'au début il y a une représentation, il y a une hypostase et vous donnez à la représentation plus d'importance que les phénomènes qui la conduisent. Pour moi, l'anarchie au sens philosophique du terme est de déconstruire cette hypostase.

DG : Oui, dans la mesure où cette hypostase est l'essence même de l'autorité.

Dieu comme transgression
et anarchie comme Dieu

DG : Chez les Dinka, avant de faire un sacrifice chacun doit avouer ses méfaits. Il faut résoudre au moins temporairement ses problèmes et ses difficultés avec les autres avant de pouvoir tuer l'animal et distribuer la viande. (De la même manière que les guerriers aztèques, juste avant de se battre, devaient avouer qui avait couché avec les épouses des autres.) Et le moment de cette communion, quand ils mangent tous ensemble en se pardonnant les uns les autres, c'est Dieu. Il doit y avoir un acte de transgression, mais le résultat de cette transgression est Dieu comme une forme d'utopie.

MBK : Je pense que l'idée forte du judaïsme, c'est celle d'un Dieu qui n'existe pas encore. Dans mon livre éponyme, je suis assez fier de mon explication de l'antisémitisme : les gens détestent les juifs parce qu'il y a cette idée d'un Dieu qui n'existe pas encore, c'est une idée très compliquée et frustrante. Pour moi, dans le judaïsme, il y a un postulat de frustration.

ATZ : L'histoire de l'anarchisme juif et/ou de l'anarchisme yiddish est très intéressante. Vous savez, vous avez la place très centrale de la question, – et de la délibération, comme nous l'avons dit plus tôt –, qui donne à l'éducation juive un énorme potentiel de régénération. Alors, bien sûr, il n'est pas unifié sous une haute autorité, il n'y a pas d'équivalent du pape ou du grand mufti. Les rabbins sont simplement des gens qui ont beaucoup d'études derrière eux, et, au moins pour les représentants laïques au niveau national, ils sont élus.

Ce qui est génial, c'est que ce manque de consensus idéologique et d'autorité coexiste avec une profonde unité dans la judéité, qui est un mystère en elle-même. Cela a peut-être à voir avec la communauté d'objectifs et les points de vue inconciliables dont nous avons parlé. La loi juive ne contient aucune clause de « croyance », cela permet une diversité des vies intérieures. Et puis il y a le fait que le gros de la tradition théologique est, bien sûr, dialogique, et que le Talmud est étudié comme un débat transhistorique. Donc négocier des règles entre elles – et avec Dieu – est la partie la plus importante du jeu.

ND : Il y a une blague sur un juif qui se retrouve bloqué sur une île. Quand ils viennent le sauver, après quelques années, ils découvrent qu'il n'a pas construit seulement une synagogue, mais deux. Alors ils lui demandent pourquoi il a besoin de deux synagogues alors qu'il est tout seul, et il répond : « eh bien, celle-ci est la synagogue où je vais, et celle-ci celle où je n'irai jamais ! » Il y a donc toujours ce genre de conflit interne, et la reproduction de la culture est totalement dialogique.

MBK : Pour moi c'est très intéressant, car je n'ai pas osé poser la question des liens qui unissent anarchisme et judaïsme.

DG : À bien y penser, je crois que tu es la seule personne ici qui ne soit pas juive.

Peut-être pouvons-nous dire : tout l'enjeu de l'anarchisme et de créer Dieu au sens des Dinka. Ou peut-être des dieux au sens fétichiste : faire des promesses et donc improviser le divin.

ATZ : Un engagement envers le royaume de Dieu sur terre.

MBK : Jean-Luc Nancy dit que le judaïsme est un athéisme avec Dieu.

DG : Brillant. Alors Dieu est l'événement ultime ?

MBK : Probablement !

ND : J'insiste sur la blague du juif avec ses deux synagogues : le judaïsme est pluriel. Vous avez l'équivalent avec une blague israélienne, qui dit que si vous mettez deux Israéliens dans une pièce, vous aurez cinq partis politiques.

DG : Ça n'est pas juste les Israéliens ! À Madagascar ils disent que si vous avez cinq malgaches dans une pièce, vous aurez huit partis politiques.

ND : Mais ce n'est pas seulement qu'ils sont fracturés – ce que l'histoire des synagogues suggère à mes yeux, c'est que la fracture est leur unité. Quelqu'un a dit que depuis la destruction du Temple, lorsque nous avons cessé d'offrir des animaux en sacrifice, la seule unité que les juifs avaient étaient les règles sur la façon de discuter les règles.

ATZ : (rires) Donc on a dit : une anarchie inhérente à l'organisation, qui conduit à une prolifération de formes différentes de spiritualité et de théologie, mais avec une caractéristique qui est...

DG : Le questionnement.
Je pense.
Il semble de toute façon que vous suggérez que dans la mesure où le judaïsme est une tentative de créer Dieu, c'est une tentative de créer Dieu par l'argumentation. On n'essaye pas de résoudre ses querelles pour être pur quand nous nous présentons à Dieu, c'est le fait de résoudre qui est divin, c'est cela qu'on célèbre.
Eh bien, j'ai commencé ce livre en parlant de dialogue, et de pourquoi le dialogue est le modèle de la pensée. J'y reviens sans cesse. Nous avons créé cette idée que nous commençons en tant qu'individus conscients de nous-mêmes et que nous entrons ensuite dans le dialogue. Au lieu de voir le dialogue, comme le voudraient Vygotski ou Bakhtine, comme point de départ qui rend possible la pensée réflexive.

Nous l'inversons et traitons la conscience individuelle comme point de départ. Et on se retrouve
avec des philosophies essayant de résoudre le problème de « l'esprit des autres » comme si le langage
que nous utilisions pour ce faire avait été inventé
par l'individu qui s'y attèle. C'est un non-sens.

Peut-être qu'à ce stade, je pourrais ajouter quelque
chose à cela. Lorsque j'écrivais sur le « communisme
de base », le fait que toute sociabilité humaine repose
sur l'hypothèse minimale du « de chacun selon ses
capacités, à chacun selon ses besoins ». Eh bien, un
cas évident semble être le langage. La conversation
est présumée être coopérative à moins qu'il y ait une
raison pour qu'elle ne le soit pas. Évidemment, il y a
mille façons d'être cruel avec les mots, mais quand
vous voulez vraiment exprimer de l'antipathie à
quelqu'un, vous arrêtez de lui parler entièrement.
Pourquoi ? Vraisemblablement parce que toute interaction verbale impliquerait normalement une responsabilité envers votre interlocuteur. Un certain
communisme de base.

Toute forme de communisme, en retour, jette une
ombre d'éternité. Si l'action directe est d'agir comme
si l'on était déjà libre (même si vous savez que vous
ne l'êtes pas vraiment), alors le communisme de
base est d'agir comme si ses amis, sa famille, la
société, sera là pour toujours (même si l'on sait qu'ils
ne le seront pas vraiment). Vous n'avez pas besoin
de savoir qui doit quoi à qui, car il y aura toujours
des gens pour nous donner du feu, des directions, ou
nous sauver lorsque nous nous noierons.

Donc, dans cette base dialogique de toute pensée,
il y a déjà l'ombre d'une éternité communiste, du
dieu dinka. Mais pour se réaliser, il doit passer par

des conflits, des disputes, des délibérations sinon c'est vide de sens, infantile, et finalement faux. L'ensemble de l'appareil que nous avons essayé de développer ici, même de façon embryonnaire, sur le jeu, la promesse, le dépassement de la logique d'intimidation, pourrait être considéré comme une réalisation de cela.

Il y a une littérature sans fin sur la foule ou « la folie des foules », et la plupart des gens supposent que tout type de foule sera nécessairement, collectivement parlant, plus stupide que n'importe lequel des individus qui la composent. C'est pourquoi la plupart des gens acceptent la légitimité d'un dirigeant autoritaire : si cela était vrai, il va de soi qu'en élisant même au hasard une personne de la foule pour la mener, la foule prendrait de meilleures décisions qu'en tant que collectivité. L'anarchisme concerne la possibilité qu'une foule devienne plus intelligente que n'importe lequel des membres individuels qui la composent. Il s'agit de créer les modes de communication et de délibération qui permettraient que cela se produise. D'où l'accent mis sur la pratique.

En ce sens, le dialogue est notre pierre angulaire. C'est une forme d'émergence de pensées qu'aucun individu n'aurait pu avoir par lui-même, ce qui est également le propre de l'anarchie comment je l'entends – c'est pourquoi je pense qu'il n'est pas si fou que cette conversation ait pris cette forme à quatre voix. Non ?

En tout cas, j'espérais que ce serait le cas.

Table de matières

Anarchies

Collection dirigée par
Mehdi Belhaj Kacem et Jean-Luc Nancy

Anarchies et non anarchisme. Les *ismes* émoussent toujours le tranchant d'une vigueur. Ici, celle de l'an-archie au sens de Reiner Schürmann : d'une origine toujours-déjà disséminée et fracturée ; du principe de l'absence de tout principe directeur pour l'agir comme pour la pensée. Ce qui n'interdit aucunement la sympathie pour les luttes historiques héroïques des prolétaires anarchistes réels : la Commune de Paris (en-deçà de sa « récupération » léniniste), la grève générale de 1906, La Révolution espagnole, mai 68 et les situationnistes… Or une collection « philosophique » doit véhiculer au moins l'Idée d'une « politique ».

Ces derniers guillemets veulent indiquer ce qui précise la vocation de la présente collection : anarchies, car il n'y a pas « l' » anarchie, en quelque sens que ce soit (pas plus qu'il n'y a « le » chaos). L'anarchie qui règne dans le champ philosophique n'est pas celle de la science, celle des nouvelles pratiques érotiques n'est pas celle de la production artistique, les nouvelles formes d'anarchisme politiques ne relèvent pas de la même « absence de principe » que les tragiques apories contemporaines du droit. La dissémination – fidèle sans affiliation à la différ*a*nce de Derrida – ne doit pas être un mot qui, par un tour pervers, subsume à nouveau tout ; elle doit se *montrer.*

Fidèle – à l'infini.

C'est donc de l'hétérogénéité effective, en abyme fracturé, de toutes ces pratiques et pensées an-archiques, qu'aimerait rendre raison, à sa mesure, la présente collection. Quand bien même dirigée par deux « philosophes » (chacun à sa façon très réservé envers l'assurance que semble aujourd'hui revêtir cette appellation), la collection s'ouvrira donc aux pratiques les plus diverses, les plus excitantes et les plus désorientantes de la littérature, des arts, de la pratique politique, de l'épistémologie ou de l'éthique érotique du présent.

© DIAPHANES, Zurich-Paris-Berlin 2021
57, rue de la Roquette, 75011 Paris – www.diaphanes.fr
ISBN 978-2-88928-045-2 – Imprimé en Allemagne